Piensa en grande

DAMON ZAHARIADES

Piensa
en grande

*Una guía de diez pasos para aspirar a la grandeza,
perseguir tus sueños y desencadenar
todo tu potencial*

EDICIONES OBELISCO

Si este libro le ha interesado y desea que le mantengamos informado
de nuestras publicaciones, escríbanos indicándonos qué temas son de su interés
(Astrología, Autoayuda, Ciencias Ocultas, Artes Marciales, Naturismo, Espiritualidad,
Tradición…) y gustosamente le complaceremos.

Puede consultar nuestro catálogo en www.edicionesobelisco.com

Colección Éxito
Piensa en grande
Damon Zahariades

1.ª edición: abril de 2025

Título original: *Think Big*
Traducción: *David George*
Maquetación: *Marga Benavides*
Corrección: *M.ª Ángeles Olivera*
Diseño de cubierta: *Carol Briceño*

© 2024, Damon Zahariades
Traducido y publicado por Ediciones Obelisco
con el consentimiento de Art of Productivity y DZ Publications
Derechos de traducción gestionados por Russo Rights LLC,
en nombre de Art of Productivity y DZ Publications
(Reservados todos los derechos)
© 2025, Ediciones Obelisco, S. L.
(Reservados los derechos para la presente edición)

Edita: Ediciones Obelisco, S. L.
Collita, 23-25 Pol. Ind. Molí de la Bastida
08191 Rubí - Barcelona - España
Tel. 93 309 85 25
E-mail: info@edicionesobelisco.com

ISBN: 978-84-1172-258-2
DL B 1997-2025

Impreso en España en los talleres gráficos de Romanyà/Valls, S. A.
Verdaguer, 1 - 08786 Capellades (Barcelona)

Printed in Spain

Personas importantes respecto a pensar en grande

《 Si puedes soñarlo puedes hacerlo».

—WALT DISNEY

《 Sueña en grande y atrévete a fracasar».

—NORMAN D. VAUGHAN, *explorador*

《 Eres el autor de tu propia vida, y nunca es demasiado tarde para reemplazar las historias que te cuentas a ti mismo y al mundo. Nunca es demasiado tarde para iniciar un nuevo capítulo, añadir un giro sorpresa o cambiar de género por completo».

—TIM FERRISS

PRÓLOGO

Fui un niño tímido. Tenía sueños, como la mayoría de los niños a esa edad. Soñaba con mi futuro y en lo que me convertiría, pero mis aspiraciones siempre se veían ahogadas por la practicidad. En lugar de aspirar a lo máximo, me mostraba conforme e incluso empujado a pensar en más pequeño. En vez de imaginar en lo que *podría* ser, pensaba en lo que *probablemente* sería.

Algunos niños sueñan con convertirse en astronautas, pilotos de caza y atletas profesionales. Yo me imaginaba teniendo un trabajo «sensato» que me permitiera pagar las facturas y fuera fiable y constante. Y sin sorprender a nadie, conseguí un trabajo en el mundo empresarial al graduarme en la universidad.

Echando la vista atrás, estoy convencido de que pensar en pequeño me encadenó a una vida temprana de mediocridad. Mis ambiciones y mis logros fueron pequeños. Rara vez me aventuraba fuera de mi zona de confort, y esa aprensión entorpeció mi crecimiento personal y profesional.

Un día, después de mucha autorreflexión (y frustración), decidí cambiar mi mentalidad. Decidí dejar de pensar en pequeño. Decidí apuntar más alto, abierto a lo que era *posible* en lugar de simplemente a lo que era *probable*.

Cambió mi vida.

No te voy a engañar. No fue fácil. Al igual que cualquier hábito enquistado, pensar en pequeño es una costumbre difícil de abandonar. Cuanto más tiempo fermenta en la mente, con más fuerza se aferra. El progreso fue lento.

Por último, mi marco mental cambió. Empecé a superar los límites que me había impuesto. Comencé a generar objetivos mayores y, debido a un milagro de la coincidencia, empecé a conseguir cosas más grandes.

He visto a otras personas adoptar un cambio similar de mentalidad y las he visto avanzar para conseguir unas hazañas destacables. Un amigo dejó su trabajo cómodo y bien pagado (pero no gratificante) y fundó un negocio que genera unos ingresos de seis cifras cada mes. Un conocido pasó de ser un periodista de redacción, siempre estresado y bajo presión, a convertirse en un novelista prolífico, publicando más de veinticinco libros *cada año*. Un antiguo compañero de trabajo, que antaño era muy hogareño, se aventuró fuera de su zona de confort y en la actualidad ha viajado a más países de los que puedo nombrar.

Estás leyendo este libro porque pensar en grande te toca la fibra sensible. En algún momento en tu vida has pensado: «Puedo hacerlo mejor. Puedo conseguir más».

Permíteme asegurarte que, por supuesto, puedes. No es magia, pese a que tus resultados puedan parecer mágicos.

No consiste en trabajar más duro, aunque puede que ello implique trabajo duro.

Empieza con la adopción de una nueva actitud con respecto a lo que puedes conseguir. Puedo decir, con una confianza inquebrantable, que puedes obtener más de lo que puedas imaginar en este momento. Puedes conseguir cosas extraordinarias, incluso aunque no lo creas en este preciso instante.

Pero hay un requisito: debes cambiar tu mentalidad y adoptar un nuevo sistema de creencias con respecto a ti mismo. Debes *creer* que puedes hacer cosas que es posible que parezcan inimaginables. Adoptar este nuevo marco mental puede que parezca difícil, pero también será gratificante. Ciertamente, puede *cambiarte la vida*.

Vayamos juntos en este viaje. Seré tu guía, mostrándote el camino que funcionó en mi caso. Te señalaré los baches y otros peligros a lo largo del sendero para que puedas esquivarlos con facilidad (¡aprende de mis errores!). Espero, con ilusión, celebrar contigo las pequeñas victorias que experimentes a medida que avancemos.

¡Estoy emocionado por ti! No puedo esperar a ver tu progreso. Pero ya está bien de dar ánimos (por ahora). Arremanguémonos y pongámonos a trabajar.

Damon Zahariades
Sur de California

QUÉ APRENDERÁS EN
PIENSA EN GRANDE

Este libro sirve a dos fines. En primer lugar, consiste en un manual de instrucciones paso a paso que te mostrará cómo pensar más en grande hoy y a lo largo del resto de tu vida. Te ayudará a desarrollar una forma completamente distinta de ver el mundo que hay a tu alrededor. En lugar de ver barreras verás oportunidades. En vez de sentirte encajonado por las limitaciones, te sentirás liberado por nuevas posibilidades. En lugar de mirar al mundo a través de una lente teñida por el cinismo y la negatividad, lo verás todo a tu alrededor con optimismo y entusiasmo.

Estos cambios no se dan con un simple chasquido de dedos. No es tan fácil como accionar un interruptor, como encender la luz en tu cuarto de estar. Es un proceso y el libro que estás leyendo es tu manual de procedimientos. Te orientará por todo el proceso, paso a paso.

El segundo objetivo de *Piensa en grande* consiste en inspirarte. A medida que aprendas a pensar más en grande, te encontrarás con una resistencia interna. Eso es algo natural. Probablemente habrás pasado una buena parte de tu vida centrándote en lo que es práctico, sensato y factible. Tu cerebro se siente cómodo con este patrón de pensamiento y se resistirá a tus esfuerzos por desarrollar una actitud más ambiciosa. Se mostrará reticente a abandonar su zona de confort.

Piensa en grande te ayudará a contrarrestar esta resistencia. Hay unos ejercicios sencillos y de autorreflexión que acompañan a los consejos prácticos en cada capítulo. Convertiremos la teoría en resultados en la vida real. En lugar de imaginar cómo pensar en grande puede mejorar tu vida con el tiempo, verás cómo sucede en tiempo real. No trabajarás duro por un beneficio en un futuro lejano. Disfrutarás de las recompensas de este viaje ahora y a medida que avances a lo largo de los capítulos.

Cómo se diferencia este libro de otros

Piensa en grande se diferencia de otros libros de autosuperación de dos formas fundamentales.

En primer lugar, no vamos a profundizar en la psicología. Aunque el conocimiento de la complejidad del cerebro es algo valioso, perderse entre la maleza es fácil. Por lo tanto, exploraremos de manera breve algunas teorías psicológicas, pero nos centraremos, sobre todo, en lo que es factible y producirá unos resultados tangibles. Cuanto más rápidamente experimentes resultados, más incentivado, motivado e inspirado te sentirás para continuar.

En segundo lugar, la estructura de este libro está diseñada para facilitar que puedas revisar capítulos seleccionados según tus necesidades. No se trata de un libro que leas una vez y después lo guardes. En su lugar, querrás revisar ciertas secciones para repasar los conceptos explicados en ellas. Desearás repetir ciertos ejercicios seleccionados para reforzar los principios que respaldan. *Piensa en grande* no es simplemente un libro para leer, dejarlo en una estantería y olvidarse de él. Es un taller en desarrollo al que puedes acudir cuando te vaya bien.

Echemos un rápido vistazo a lo que aprenderás en *Piensa en grande*.

Parte I: Asentar las bases para pensar en grande

Antes de avanzar por la instrucción paso a paso sobre pensar en grande, debemos tratar algunos principios básicos, que generarán el marco sobre el que nos basaremos más adelante. Son como los ingredientes básicos que usarías al preparar una comida fastuosa. Son necesarios para el plato final.

En la Parte I exploraremos lo que significa pensar en grande y examinaremos las recompensas por hacerlo. Hablaremos de los obstáculos que intentarán ponerte dificultades y de algunos de los riesgos calculados que deberás asumir a lo largo del camino. Antes de finalizar esta sección del libro, también hablaremos sobre cómo cambiar tu mentalidad, incluyendo enfrentarse a la tendencia natural de poner excusas.

Parte II: Cómo pensar en grande

Aquí es donde empieza la acción. Añadiremos cosas al marco que hemos desarrollado en la Parte I, usando esto a modo de ladrillos conceptuales que sostienen aplicaciones en el mundo real. Ésta es tu hoja de ruta. Pasaremos de comentar ideas y conceptos de alto nivel a empezar a pasar a la acción.

En la Parte II revisaremos un sistema de diez pasos para entrenar tu mente para pensar en grande. Desglosaremos cada paso, ocupándonos de él exhaustivamente antes de avanzar al siguiente paso. Cada paso se complementa con un ejercicio que potencia la aplicación en el mundo real. Estos ejercicios te ayudarán a personalizar y dominar las habilidades que se presentan a lo largo de esta sección del libro.

Qué esperar mientras lees este libro

Vamos a avanzar por el material con rapidez. Muchos libros de autosuperación son innecesariamente largos. Están repletos, sin necesidad alguna, de paja, como por ejemplo historias que sólo están relacionadas de manera tangencial con el material central. Están inflados para satisfacer las necesidades en cuanto al número de palabras.

No es el caso de este libro. Es breve. Se trata de un tomo delgado y ajustado. Nos ocuparemos de cada idea y de cada paso de un modo sucinto, no dedicándoles más tiempo del necesario para que los domines.

Un apunte final antes de continuar: te imploro que lleves a cabo los ejercicios que encontrarás en la Parte II. En mi opinión, son esenciales para experimentar un crecimiento personal real. De alguna forma, los ejercicios son la piedra angular de los capítulos a los que acompañan.

No tienes por qué llevarlos a cabo de inmediato. Después de una primera lectura previa, puedes regresar al libro y hacer los ejercicios a tu propio ritmo. Lo importante es que los realices. Son sencillos y la mayoría puede completarse con bastante rapidez.

Ahora, después de todos estos temas preliminares, iniciemos nuestro camino.

PARTE I

ASENTAR LAS BASES PARA PENSAR EN GRANDE

Lanzarnos de cabeza hacia cualquier aspecto del desarrollo personal sin comprender completamente sus principios centrales es un error. Hacerlo sería como realizar un puzle sin volcar antes las piezas de la caja. Puede llevarse a cabo, pero dedicarás *mucho* tiempo y esfuerzos innecesarios.

Para dominar de verdad el arte de pensar en grande y cosechar sus numerosos beneficios, primero debemos examinar sus premisas básicas. Al estudiar estos conceptos por adelantado, nos equipamos con unos conocimientos cruciales para asentar los cimientos sobre los que construiremos más adelante.

Esta primera sección moldeará nuestro viaje. Es un precursor esencial de las técnicas y estrategias de las que nos ocuparemos en la Parte II.

¿QUÉ SIGNIFICA PENSAR EN GRANDE?

«Siempre hay espacio en tu vida para pensar más en grande, superar los límites e imaginar lo imposible».

—TONY ROBBINS

Empecemos por definir *qué no es* «pensar en grande». No consiste en poner algo de manifiesto. Mucha gente cree que puede poner de manifiesto la vida que desea centrando sus pensamientos y emociones en distintos aspectos de esa vida. Tiene la confianza de que visualizando los resultados que quiere y armonizando sus emociones con intencionalidad hará que sus deseos se conviertan en realidad.

Pensar en grande no consiste en eso. Sí, empieza por imaginar que puedes conseguir cosas extraordinarias (llegaremos a eso en un momento), pero eso no es más que un punto de partida. Es, simplemente, el primer paso. La positividad es crucial, pero no sirve de nada si no está acompañada de una acción decidida.

Pensar en grande empieza soñando con lo que es posible. ¿Qué podrías conseguir en tu vida si eliminases todas tus creencias limitantes? ¿Qué nivel de éxito podrías alcanzar en tu vida personal y profesional si las limitaciones autoimpuestas no te constriñeran?

Lo que hagas *después* de soñar con lo que es posible determina si este resultado (tu vida imaginada) se convierte en realidad o sigue siendo un sueño. Aquí es donde empieza el verdadero trabajo.

Resistirse a la presión de ser «realista»

Cuando éramos niños nos decían que podríamos ser cualquier cosa que quisiéramos. Nos animaban a considerar que la vida estaba llena de oportunidades. Los adultos no querían que nos sintiéramos enjaulados debido a suposiciones contraproducentes.

En la edad adulta esta laxitud se desvanece. En lugar de animarnos a pensar en grande, se nos presiona para ser «realistas». Se nos apremia a reducir nuestras expectativas. La insistencia colectiva de la gente que tenemos a nuestro alrededor puede volverse tan persuasiva que acabamos cediendo, relegando nuestras aspiraciones a un pequeño espacio en nuestra mente reservado a los sueños muertos.

Pensar *en pequeño* se convierte en nuestra norma. Por desgracia, esto echa más combustible y prácticamente garantiza una vida de mediocridad.

Debemos resistir esta presión. Esto comienza reconociendo que es fácil que los demás subestimen nuestra capacidad para conseguir grandes cosas. En la edad adulta, nadie creerá más en nosotros de lo que nosotros podamos creer en nosotros mismos. Una vez que reconozcamos esta realidad, se volverá más fácil resistir el consenso de que deberíamos renunciar a nuestros sueños y ser «realistas».

Hacer esto no es nada fácil. Algunos de nosotros debemos contrarrestar años de condicionamiento. La buena noticia es que, en el fondo, controlamos nuestra mentalidad. Con un plan estructurado, podemos deshacer este condicionamiento y proporcionarnos la libertad de tener los ojos puestos en algo más elevado.

Generar objetivos valientes y audaces

En su libro *Built to last*, Jim Collins acuñó el acrónimo OGDA, que corresponde a Objetivo Grande, Difícil y Audaz. Se trata de un objetivo o meta tan enorme que parece poco razonable o inviable. Collins apunta a la misión Apolo 11, destinada a poner al hombre en la Luna, como ejemplo de un OGDA.

En esa época, esa idea era inconcebible, impensable. Marcarse este objetivo hizo que el equipo de la NASA se concentrara y le inspiró a trabajar juntos para conseguirlo.

Puede que hayas oído hablar del término «soñar con la Luna». Suele usarse en el campo de la tecnología para describir un proyecto que se considera que es «improbable». Una meta que consista en soñar con la Luna es un proyecto atrevido que requiere un esfuerzo heroico.[1]

---

1. Este término tiene su origen en la misión Apolo 11.

Pensar en grande implica marcarnos unos objetivos grandes, difíciles y audaces. Estas metas requieren tiempo, esfuerzo, compromiso y una acción constante y decidida. Necesitan un plan diseñado cuidadosamente. No alcanzarás estas metas de un día para otro. De hecho, puede que lograrlas lleve años. Sin embargo, deberían inspirarte y motivarte. Deberían retarte y obligarte a cuestionarte e ir más allá de tus limitaciones autoimpuestas.

¿Y qué sucede si no alcanzas uno de tus objetivos valientes y audaces? Seguirás beneficiándote muchísimo. Mientras te esfuerzas por alcanzar tu «meta ambiciosa», probablemente conseguirás algo muy extraordinario. Imagina, por ejemplo, que estás intentando hacer crecer tu pequeño negocio para que se convierta en una empresa neurálgica que genere una facturación de ocho cifras en diez años, pero que sólo consigues generar cinco millones de dólares en ingresos anuales al alcanzar la fecha límite.

Seguiría siendo una tremenda victoria.

Redefinir las creencias limitantes

Muchos de nosotros albergamos pensamientos que nos reprimen. Nos decimos que no somos lo bastante buenos, que no tenemos lo que hace falta o que no merecemos el éxito. Esas creencias limitantes son barreras mentales. Evitan que alcancemos el éxito con el que soñamos.

Acumulamos y albergamos estas creencias por diversas razones. Por ejemplo, nuestras experiencias pasadas puede que hayan plantado las semillas de una baja autoestima. Nuestros valores culturales puede que entren en conflicto con nuestro sentido de lo que resulta aceptable. Nuestro miedo a ser juzgados por otros puede hacer que dudemos a la hora de poner la mirada en algo más elevado de lo que los demás consideran razonable. O puede que simplemente no seamos conscientes de nuestras capacidades porque nunca las hemos puesto a prueba.

Con independencia del origen de las barreras mentales, pensar en grande requiere que las retemos y las redefinamos. ¿Son válidos estos pensamientos destructivos? E incluso aunque contengan un ápice de verdad, ¿es ese ápice suficiente para justificar toda la afirmación?

Puede, por ejemplo, que tu crítico interior te diga: «Eres demasiado viejo para retomar los estudios para completar tu grado». Sin embargo, mucha gente completa sus grados después de pasar años dedicándose a su trayectoria profesional. Si ellos pueden hacerlo, tú también puedes.

Redefinir nuestras creencias limitantes no consiste en ignorar la realidad. Consiste en cuestionar si son legítimas. Nos ocuparemos de este asunto en mayor detalle en *Paso 3: Desafía lo que percibes como tus limitaciones*.

Ahora estás familiarizado con lo que significa pensar en grande; pero ¿por qué deberías hacerlo? ¿Qué recompensas te esperan si dedicas tiempo y energía a este empeño?

LAS RECOMPENSAS POR PENSAR EN GRANDE

«Si piensas en pequeño, tu mundo será pequeño.
Si piensas en grande, tu mundo será grande».
—PAULO COELHO

Todo lo que hacemos empieza con una razón. Un resultado deseado dirige cada acción que emprendemos y cada decisión que tomamos. Vamos a nuestro trabajo cada día para pagar nuestras facturas, invertimos dinero cada mes para financiar nuestra jubilación y llevamos nuestros vehículos al taller para que les hagan un mantenimiento, de modo que sigan funcionando correctamente.

Así pues, ¿por qué estamos formándonos para pensar más en grande? ¿Qué resultado deseado justifica nuestro tiempo y energía dedicados a esta formación?

Siete razones por las que importa pensar en grande

Tal y como verás a continuación, pensar en grande tiene varios beneficios en la vida real. Si te entrenas para hacerlo una y otra vez, puedes esperar cosechar recompensas que afecten en gran medida a tu vida. Algunas de estas recompensas puede que no sean evidentes de inmediato, pero se van acumulando a lo largo del tiempo. Juntas pueden mejorar cada aspecto de tu experiencia cotidiana:

- Tu trayectoria profesional
- Tus relaciones
- Tu vida familiar
- Tu vida social
- Tus finanzas
- Tus aficiones
- Tu estado de forma física
- Tu bienestar emocional

Aquí tenemos siete razones para formarte en pensar en grande. No es una lista completa, pero transmitirá la idea de que la recompensa que disfrutarás merece la pena la inversión.

Razón n.º 1: inspira tu creatividad para la resolución de problemas

Te enfrentas a retos cada día: en tu puesto de trabajo, en casa e incluso mientras haces cosas cotidianas como comprar. A veces conllevan pérdidas personales, fracasos o contratiempos. En ocasiones, estos retos nos presentan obstáculos que evitan que consigas algo que deseas.

Pensar en grande te lleva a generar una lluvia de ideas con respecto a soluciones fuera de los esquemas establecidos a los problemas con los que te encuentres. Es más fácil albergar ideas creativas porque ya no te ves limitado por el pensamiento convencional y los enfoques corrientes relativos a la resolución de problemas.

Razón n.º 2: te fuerza a aventurarte fuera de tu zona de confort

Si dispone de la oportunidad, la mayoría de la gente prefiere permanecer en su zona de confort. Se siente más confiada y protegida. Sus rutinas son familiares, lo que genera un lugar seguro que es constante y predecible.

Pero este confort tiene un alto precio: limitas tu crecimiento personal y profesional. Te quitas a ti mismo la oportunidad de superar tus miedos y de desarrollar nuevas habilidades. Te privas de la oportunidad de enfrentarte a la adversidad de cara y de desarrollar resiliencia y la capacidad de adaptarte.

Pensar en grande hace que seas consciente de estos costes. Te recuerda que tu zona de confort es una prisión de barreras y limitaciones autoinfligidos: una cárcel que te retiene, pese a hacerte sentir protegido de la incertidumbre. Cuando eres consciente de este hecho, muestras una mayor inclinación a probar cosas nuevas y a desafiarte.

Razón n.º 3: resalta tu panorama general

¿Te has sentido alguna vez sin objetivos? ¿Has estado alguna vez en tu jornada sintiéndote a la deriva y sin un propósito?

Esto sucede cuando descuidas asociar lo que estás haciendo con lo que quieres conseguir. Por ejemplo, haces las cosas por inercia en tu trabajo sin pensar en la trayectoria de tu carrera profesional. Te alimentas a base de comida basura sin pensar en su impacto sobre tu salud a largo plazo. Asistes a reuniones familiares e ignoras las conexiones emocionales que podrías fomentar con tus seres queridos.

Pensar en grande incentiva que reflexiones en por qué estás haciendo lo que estás haciendo. Te anima a pensar en tus objetivos, te apremia a tenerlos en cuenta y te llena de resolución y motivación.

Razón n.º 4: resulta de ayuda que separes las tareas importantes de las que no lo son

Cada proyecto en tu lista de cosas que tienes que hacer *parece* importante. Eso se debe a que estás demasiado implicado en lo que estás haciendo. Cuando esto sucede, pierdes la visión del panorama general. Pierdes tu perspectiva y dedicas tu tiempo y tu energía a actividades que no hacen nada por fomentar tus objetivos. Lo peor de todo es que te aproximas peligrosamente a sentirte sobrepasado y quemado.

Pensar en grande te permite abrir la lente. Te permitirá tener en cuenta tus tareas y proyectos en el contexto de tus objetivos y responsabilidades más amplios. Te empodera para preguntarte: «¿Por qué estoy haciendo lo que estoy haciendo?». Te reta a distinguir entre las actividades cruciales y las triviales. Te apremia a reflexionar sobre si estás dedicando tu tiempo, energía y recursos de atención de una forma que te ayude a alcanzar tus objetivos.

Razón n.º 5: te anima a desarrollar un plan

Los objetivos sin planes de acción son poco más que sueños. Ninguna cantidad de pensamiento positivo te ayudará a alcanzarlos si no creas una estrategia paso a paso con esos resultados en mente. Ninguna cantidad de optimismo o entusiasmo te ayudará a tener éxito si careces de una hoja de ruta para llegar a tu destino.

Pensar en grande motiva que crees esta hoja de ruta. Te proporciona una visión a largo plazo de lo que quieres conseguir y te anima a desarrollar un procedimiento para que llegues a tu destino. También clarifica tus recursos (tiempo, energía, concentración, dinero, etc.) y te anima a usarlos con juicio. Pensar en grande te anima a desglosar tus objetivos elevados y ambiciones en forma de metas más pequeñas con puntos de control e hitos manejables.

La positividad, el optimismo y el entusiasmo son esenciales, pero si quieres conseguir algo grande, necesitas un plan de ejecución.

Razón n.º 6: fortalece tu resiliencia ante el fracaso

Benjamin Franklin dijo en una ocasión: «En este mundo no hay nada seguro excepto la muerte y los impuestos», pero pasó por alto un tercer acontecimiento ineludible: el fracaso ocasional. Experimentamos reveses. Cometemos errores. Nos encontramos con la derrota. La única forma de evitar el fracaso consiste en no intentar conseguir nada nunca.

Como el fracaso periódico es inevitable, nunca deberías temerlo. En su lugar, céntrate en cómo respondes frente a él. ¿Permites que te paralice y que evite que avances o lo consideras una oportunidad para aprender, una circunstancia que puedes emplear para mejorar y motivarte a hacerlo mejor la próxima vez?

Pensar en grande te estimula a abrazar una perspectiva a largo plazo. Reconoce que cualquier camino para la consecución de un objetivo está plagado de contratiempos. Cualquier sendero hacia un éxito lejano está aderezado con tropiezos y decepciones. Pensar en grande no significa que evitarás estas cosas (*no hay* una forma de evitarlas por completo). En su lugar, te anima a adoptar una mentalidad que las perciba como oportunidades para crecer, de modo que prosperes a pesar de ellas.

Prosperarás *debido* a ellas.

Razón n.º 7: mejora tu adaptabilidad

La adaptabilidad y la resiliencia al fracaso están interconectadas. Dependen la una de la otra. Cuando experimentas un fracaso, aprendes qué es lo que no tienes que hacer. Aprendes a adaptarte. Pruebas con algo distinto para conseguir un resultado diferente. Esta respuesta surge de una actitud con visión de futuro. En lugar de desesperarte, te adaptas, enfrentándote a los retos de cara.

Mientras desarrollaba una bombilla eléctrica para un uso generalizado, Thomas Edison supuestamente dijo: «No he fracasado. Sólo he encontrado diez mil formas que no funcionan». Edison era un gran pensador que se adaptaba con rapidez cuando sus planes y esfuerzos se malograban. Sus inventos acabaron por cambiar el mundo.

Pensar en grande hace que seas más ingenioso. Desencadena tu creatividad, inspirándote a concebir soluciones innovadoras siempre que te enfrentes a retos y contratiempos. Te apremia a adaptarte, que se podría decir que es una de las habilidades más importantes que puedes desarrollar hoy mientras el mundo cambia sin cesar.

Detengámonos un momento y recobremos el aliento. Dispones de varias razones persuasivas para apuntar más alto, soñar más en grande y marcarte unos objetivos más idealistas. Hay razones adicionales, pero las que hemos tratado aquí son (es de esperar) suficientes para empujarte a avanzar.

Pero si pensar en grande es tan beneficioso, ¿por qué no lo hace más gente? Si imaginarte consiguiendo cosas extraordinarias puede dar lugar a resultados que te cambian la vida, ¿por qué tanta gente lo evita? Aprenderás las razones en el siguiente capítulo.

DIEZ OBSTÁCULOS QUE EVITAN QUE PIENSES EN GRANDE

«Los obstáculos no tienen por qué detenerte. Si chocas contra una pared, no te des la vuelta y te rindas. Averigua cómo escalarla, pasa a través de ella o rodéala».

—Michael Jordan

Es fácil soñar, fantasear con el éxito. Pensar en grande es más difícil porque requiere intención, planificación y ejecución. Precisa compromiso y dedicación. Exige tenacidad e ingenio. Es mucho más exigente que hacer castillos en el aire.

En el momento en el que empieces a cambiar tu perspectiva te enfrentarás a varias barreras. Intentarán ralentizar tu progreso, desafiarán tus intenciones y cuestionarán por qué estás pasando por todos los problemas. Generarán una resistencia interna, alimentando la baja autoestima y los pensamientos limitantes sobre tu potencial y tus capacidades.

Si ignoras estas barreras, seguirás siendo vulnerable a ellas. Seguirán poniendo en peligro y reprimirán tu desarrollo. Por lo tanto, debemos afrontarlas de cara y dar los pasos necesarios para superarlas.

Obstáculo n.º 1: el miedo a los resultados potenciales

Algunas personas temen los cambios. Algunos tienen miedo al fracaso. Otros hasta recelan del éxito. Emprender una acción deliberada para hacer que tus sueños se hagan realidad implica que tus esfuerzos cambiarán tu vida de alguna forma observable. Además, hasta que alcances tus objetivos, tus resultados y sus consecuencias relacionadas seguirán sin estar claras.

Eso puede resultar amedrentador.

Si fracasas, ¿te juzgarán los demás? Si tienes éxito, ¿afrontarás las expectativas más elevadas y te verás obligado a asumir nuevas responsabilidades? ¿Te hará sentir menos cómodo el cambio?

Cómo superarlo: tu vida es dinámica. Está cambiando constantemente, pese a que no te des cuenta. También puedes emprender acciones para influir en *cómo* cambia tu vida. Cuantas más acciones emprendas, menos control tendrá este miedo sobre ti.

Obstáculo n.º 2: la tendencia a poner excusas (y justificarlas)

Todos ponemos excusas y lo hacemos por diversas razones. A veces justificamos la inacción porque tememos el fracaso y sus consecuencias. En ocasiones nos ponemos a la defensiva con respecto a un revés para conservar una imagen positiva de nosotros mismos o para influir en cómo nos perciben los demás. A veces creamos un pretexto diseñado para ayudarnos a asumir responsabilidades por un resultado no deseado.

Poner excusas te afecta de manera negativa. Fomenta que procrastines. Reprime tu toma de decisiones y las habilidades para la resolución de problemas. Debilita tu confianza en ti mismo y socava tu voluntad de actuar intencionadamente. Cuando pones excusas, reafirmas tus creencias negativas y limitantes sobre ti mismo. Esto hace que sea casi imposible que apuntemos alto y que consigamos grandes cosas.

CÓMO SUPERARLO: siempre que te sientas empujado a poner un pretexto, detente y pregúntate por qué. ¿Tienes miedo al fracaso? ¿Estás intentando evitar la responsabilidad? ¿Estás esperando adecuarte a las expectativas de otros (por ejemplo, la presión social)? Desarrolla el hábito de la autorreflexión de modo que se convierta en algo automático.

Obstáculo n.º 3: el pesimismo

En el contexto de la superación personal, el pesimismo es un reflejo personal. Es una mentalidad atrapada en una baja autoestima. Cuestiona tu capacidad para aprender nueva información, desarrollar nuevas habilidades y mejorarte a ti mismo. Hace que no confíes en tus capacidades y te insta a dudar antes de comprometerte a emprender una línea de actuación.

Cuando el pesimismo logra afianzarse en tu mente, hace que te muestres reacio a asumir riesgos calculados. En lugar de imaginarte alcanzando grandes cosas, permaneces fijado en los errores y fracasos del pasado. Puede que incluso te obsesiones con ellos hasta el punto de que se conviertan en parte de tu identidad.

El pesimismo erosiona tu motivación para hacerlo mejor. Te vuelves resistente al cambio porque asumes que éste será negativo. Como consecuencia de ello, te pierdes oportunidades en cada área de tu vida, desde tu trayectoria profesional hasta tus relaciones.

CÓMO SUPERARLO: desafía cada afirmación que tu crítico interior haga con respecto a tus habilidades. Si, por ejemplo, sostiene: «No eres lo bastante inteligente», recuérdate tus éxitos pasados que contradigan esta afirmación (resolver problemas, conseguir un grado universitario, etc.). Si sostiene que «Nunca mejorarás», recuerda las ocasiones en las que aprendiste nuevas habilidades o mejoraste otras habilidades.

No permitas que ninguna afirmación quede sin discutir.

Obstáculo n.º 4: la aversión a asumir riesgos

La mayoría de la gente evita asumir riesgos innecesarios. Cuanto más tenga que perder, menos inclinación mostrará a fastidiarla. A veces, ser excesivamente cauto le hace sentirse prudente. Por lo tanto, permanece en su zona de confort, donde se siente segura y no amenazada.

El problema es que acabas limitando tu potencial. Tu zona de confort se convierte en una especie de prisión. Lo que es peor es que cuanto más tiempo permanezcas en ella, más difícil se volverá escapar de ella. Los peligros percibidos fuera de tu zona de confort nunca desaparecen, y cuanto menos dispuesto estés a salir de ella, más peligroso parecerá el terreno. Te vuelves tan poco dado a asumir riesgos que apuntar alto y alcanzar objetivos ambiciosos parece algo impensable.

CÓMO SUPERARLO: en primer lugar, reconoce que asumir riesgos meditados y estratégicos no es lo mismo que ser insensato.

En segundo lugar, oblígate a asumir pequeños riesgos que conlleven unas consecuencias menores. Si eres introvertido por naturaleza, comprométete a saludar a un desconocido cada mañana. Si nunca has preparado una comida, cocina algo sencillo.

A medida que te vayas sintiendo más cómodo con estas experiencias, exponte a riesgos ligeramente más significativos. Sube la apuesta. Por ejemplo, entabla una conversación con un desconocido cada mañana. Cocina comidas cada vez más complejas. Cuanto más hagas esto, más irás reduciendo tu aversión al riesgo.

Obstáculo n.º 5: la ansiedad por las opiniones de los demás

Estar preocupado por cómo los demás nos perciben es algo natural. Quieres gustarle a la gente y que te respeten. No deseas que te juzguen, critiquen o tengan una mala opinión de ti. Eres un ser social. Como tal, te sientes validado por las primeras opciones y te sientes avergonzado por las últimas. Así pues, te esfuerzas mucho por satisfacer las expectativas de los demás para así animarlos a que piensen bien de ti.

Este esfuerzo limita tu crecimiento personal y profesional. Te preocupas tanto por evitar el juicio de los demás que temes asumir riesgos. Tu autoestima empieza a verse alimentada y a depender de la aprobación (tanto implícita como explícita) por parte de los demás. No es fácil pensar en grande cuando tu confianza en ti mismo depende de cómo te ven los demás.

CÓMO SUPERARLO: imagina que alguien está decepcionado contigo. Te sientes fatal al respecto. Pregúntate por qué te sientes así. ¿Te sientes mal porque has elegido o te has comportado de una forma que entra en conflicto con tus valores, o te sientes así porque tus emociones están injustamente enmarañadas con la aprobación de esa persona?

Siempre que te sientas ansioso por las opiniones de los demás por tus decisiones y acciones, cuestiona si esa ansiedad vale la pena.

Obstáculo n.º 6: la mala gestión del tiempo

Cuando no logras gestionar tu tiempo, tu atención se ve secuestrada por las preocupaciones inmediatas. Cada tarea y proyecto parecen urgentes, y nunca parece haber tiempo suficiente para hacer todo lo que necesitas o quieres hacer. Te encuentras corriendo de un asunto apremiante al siguiente, estresado y bajo una presión constante. Te sientes como si estuvieses en una carrera contrarreloj, comprometiéndote a trabajar más de lo que se puede y careciendo de los recursos necesarios.

Este dilema limita gravemente tu capacidad de tener una visión más amplia. Hace que pensar a largo plazo resulte imposible porque los recursos relativos a tu atención están absortos en el aquí y el ahora. Las exigencias que tienes frente a ti superan tu capacidad de concentración, la priorización de tareas e incluso las funciones ejecutivas, como el establecimiento de objetivos, dejándote con pocos recursos para pensar en grande. En definitiva, las urgencias de hoy socavan tu potencial futuro.

CÓMO SUPERARLO: en primer lugar, marca unos límites, personal y profesionalmente. Siéntete cómodo diciendo «No» a aquellos que deseen tu tiempo. Nadie conoce tus limitaciones de tiempo mejor que tú.

En segundo lugar, prioriza cada punto en tu lista de cosas que hacer. Dedica tu tiempo y energía a aquellos que sean verdaderamente importantes, en lugar de tan sólo «urgentes».

En tercer lugar, emplea el desglose del tiempo para evitar distracciones y céntrate de manera exclusiva en las tareas críticas.

Obstáculo n.º 7: el perfeccionismo

Mucha gente presume de ser perfeccionista. Se enorgullece de ser exigente consigo misma y de mantener unos estándares imposibles. Sin embargo, este orgullo es inapropiado. El perfeccionismo levanta muchas barreras que evitan que alcances grandes metas.

Provoca que temas cometer errores, amplificando tu aversión al riesgo. Te paraliza, animándote a evitar los desafíos en lugar de actuar y arriesgarte a fracasar. Como muestras una menor inclinación a actuar y a arriesgarte a fracasar, nunca desarrollas la resiliencia para superar los reveses. Nunca cultivas el tesón ni la tenacidad para asumir proyectos ambiciosos y llevarlos a cabo hasta su culminación.

CÓMO SUPERARLO: si te esfuerzas por el perfeccionismo, el primer paso consiste en reconocerlo. Debes ser consciente de ese problema antes de poder superarlo.

A continuación, permítete cometer errores. Reconoce que cometerlos no significa fracasar. Los errores son unas fabulosas oportunidades para aprender que pueden alimentar tu crecimiento personal y profesional.

Llevará cierto tiempo acostumbrarse a esta libertad recién descubierta, pero es una buena inversión y quizás te sorprendas por lo liberador que parece desprenderte de tus tendencias perfeccionistas.

Obstáculo n.º 8: la distracción

Distraerse y perder la concentración es fácil. Las páginas web y las aplicaciones están diseñadas para desencadenar una liberación continua de dopamina en tu cerebro. Mientras tanto, tu calendario está lleno de tus responsabilidades, obligaciones y compromisos. No es de sorprender que tu atención se vaya a la deriva y que te despistes.

Las distracciones parecen inofensivas en el momento, pero cuanto más te permites verte distraído, más susceptible te vuelves a ellas. Te acostumbras, de manera inadvertida, para ocuparte de ellas, desarrollando, sin ser consciente de ello, un hábito. Al final eres incapaz de ignorarlas.

Cuando estás distraído, no puedes concentrarte en tus objetivos y aspiraciones a largo plazo. Las tareas que no son importantes, los asuntos triviales y las distracciones frívolas se aferran a tu capacidad de atención. Tus niveles de estrés aumentan. Tu productividad y motivación se desploman. Tu autodisciplina, creatividad y habilidades para la resolución de problemas y para la toma de decisiones se van por la borda. Muestras una menor inclinación a emprender acciones decididas y tus ambiciones se ven relegadas de manera gradual a sueños que nunca se alcanzan.

CÓMO SUPERARLO: empieza cada día con una lista de cosas que hacer férrea y centrada. No debería incluir más de diez ítems y tres asuntos de alta prioridad (tu lista maestra de cosas que hacer puede incluir todo lo que te venga a la mente, pero tu lista *diaria* de cosas que hacer debe ser breve).

Una vez que sepas qué conseguir, divide tu día en bloques. Reserva franjas horarias en tu calendario y trabaja sólo en tareas concretas en tu lista de cosas que hacer.

Estas dos medidas por sí solas te ayudarán a que estés concentrado e implicado, al tiempo que las distracciones se mantienen a raya. Con el tiempo, también te permitirán romper el hábito de distraerte con facilidad.

Obstáculo n.º 9: el desequilibrio entre prioridades en conflicto

Todos batallamos con intereses en conflicto. Queremos, por ejemplo, ahorrar para nuestra jubilación mientras nos damos el placer de unas compras que no son esenciales. Deseamos dedicar tiempo a nuestras aficiones, pero también fortalecer nuestras relaciones con los demás. Queremos promover nuestra trayectoria profesional, pero también dedicamos tiempo y atención a los autocuidados.

Dedicar tiempo, atención y energía a prioridades incompatibles no es el problema. Dedicarse a intereses que chocan entre sí suele dar lugar a una vida equilibrada. El problema consiste en no lograr armonizar estos intereses. Este desequilibrio acaba provocando que te sientas frustrado, desalentado e incluso desamparado. Tu concentración se reduce hasta el punto en el que crees, una y otra vez, que te estás perdiendo facetas importantes de la vida. Si permites que crezcan y se enconen, estos sentimientos erosionarán tu compromiso de alcanzar tus grandes objetivos.

Cómo superarlo: en primer lugar, identifica tus intereses y prioridades. Averigua qué necesitas equilibrar.

En segundo lugar, determina tus limitaciones, que incluyen tu tiempo, atención y economía.

En tercer lugar, con tus prioridades y limitaciones en mente, crea un plan que distribuya tus recursos entre los anteriores factores.

Por último, revisa tus resultados al final de cada semana. Haz ajustes siempre que creas que las cosas se han desequilibrado.

Obstáculo n.º 10: la mentalidad de la escasez

Es normal preocuparse por tener «suficiente». Suficiente comida. Suficiente dinero. Suficientes medios para sobrevivir.

Esto te anima a ser consciente de cómo usas tus recursos limitados. Te apremia a conservarlos en lugar de malgastarlos.

Una mentalidad de la escasez amplifica esta conciencia hasta un nivel poco saludable. Hace que te preocupes *constantemente* por si tienes suficiente. Lo que es peor es que esta ansiedad se introduce en todas las áreas de tu vida. Te preocupas por tus relaciones (por ejemplo, si estás recibiendo suficiente atención y afecto), tu trayectoria profesional (si estás consiguiendo suficientes oportunidades o elogios por parte de tu jefe) y tus posesiones (por ejemplo, si dispones de suficiente ropa, dispositivos u otras pertenencias).

Cuando estás consumido por las preocupaciones por si tienes suficiente, no estás dispuesto a poner en peligro lo que tienes. Dudas a la hora de asumir riesgos, incluso aunque sean calculados y con los que el beneficio supere el potencial de pérdidas. Te vuelves reacio al riesgo, permaneciendo en tu zona de confort y yendo a lo seguro en lugar de intentar alcanzar tus grandes objetivos.

CÓMO SUPERARLO: evalúa lo que tienes. Probablemente tengas más de lo que necesitas, incluso aunque al principio no te lo parezca. Mira, por ejemplo, en tu armario. ¿Ves prendas que hace tiempo que no te pones? Mira en tu despensa. ¿Ves ingredientes que hace meses que no usas?

A continuación, expresa, en privado, gratitud por lo que tienes. Convierte en un hábito hacer esto cada mañana. Por último, pon orden. Nada contrarresta una mentalidad de la escasez más eficazmente que desprenderse de cosas que no necesitas.

ÉSTA HA SIDO UNA SECCIÓN LARGA, pero es vital y te prepara para el camino que tienes por delante. Al pensar más en grande y centrarte en cosas más elevadas, tu mente es tu obstáculo más potente. La conciencia de los obstáculos y las barreras potenciales que tu mente erigirá te preparan para lidiar con ellas de forma productiva.

Nos hemos ocupado del riesgo varias veces, pero sólo lo hemos mencionado brevemente. Ha llegado el momento de profundizar un poco más. Asumir riesgos calculados es fundamental para permitirte perseguir tus sueños.

ABRAZAR EL RIESGO: UN REQUISITO PREVIO PARA PENSAR EN GRANDE

«Aquellos que se atreven a fracasar por completo pueden alcanzar grandes logros».

—John F. Kennedy

Cada objetivo que te marques lleva asociado un riesgo. A veces arriesgas tu tiempo, tu dinero y otros recursos. En ocasiones arriesgas tu reputación. A veces arriesgas tus relaciones, tensionando tus vínculos con tu familia, amigos y colegas. Puede que te arriesgues a la decepción, a quemarte e incluso a daños físicos, dependiendo de tus objetivos.

Además, tenemos los costes de oportunidad. ¿Qué oportunidades te pierdes cuando te dispones a perseguir grandes metas? ¿Qué perspectivas y posibilidades abandonarás para perseguir tus mayores ambiciones?

Éstas son cuestiones importantes porque el éxito nunca está garantizado. Cualquier empeño que lleves a cabo puede fracasar. Por supuesto, este hecho no debería desanimarte para asumir riesgos. Después de todo, sólo puedes experimentar crecimiento en tu vida personal y profesional si estás dispuesto a apostar por ti. Así, es importante reconocer y aceptar la siempre presente *posibilidad* del fracaso y abordar la toma de riesgos con precaución.

Por qué deberías abrazar el riesgo

Estás más inclinado a probar cosas nuevas cuando estás dispuesto a asumir riesgos. Esto es crucial, porque apuntar alto y perseguir objetivos elevados siempre requiere que salgas de tu zona de confort. A veces esto significa aprender nuevas habilidades. En ocasiones implica volverse más cómodo con la incertidumbre. A veces significa poner en peligro algo que valoras para alcanzar un resultado que valoras más.

Por ejemplo, ir a la universidad requiere una pizca de concentración y disciplina, pero conseguir un doctorado requiere un mayor nivel de ambas, lo que puede que resulte necesario que te entrenes para mejorar en estas áreas.

Pedir salir con alguien requiere un poco de valentía, pero pedirle a alguien que se case contigo y que pase el resto de su vida a tu lado requiere que asumas un grado mucho mayor de incertidumbre.

Tu trabajo (es de esperar) te permite ahorrar de manera regular para el futuro. Fundar un negocio puede que implique que arriesgues tus ahorros, usándolos como capital inicial para perseguir tu sueño de convertirte en un empresario de éxito.

Cuanto más cómodo te sientas asumiendo riesgos, más flexibilidad te proporcionarás para conseguir cosas extraordinarias e incluso inimaginables. A lo largo del camino, tu confianza en ti mismo aumenta, tu resiliencia frente a los reveses crece, tu miedo a lo desconocido se reduce y te vuelves más creativo y adaptable a medida que tus circunstancias cambian. Éstas son algunas de las muchas recompensas que acompañan al hecho de aceptar el riesgo.

Esto no significa que debas ser irresponsable o imprudente: eso equivaldría a apostar. En su lugar, puedes abrazar el riesgo con precaución y de forma estratégica, con previsión, evaluación y planificación.

Los riesgos calculados frente a los riesgos temerarios

Muchos factores distinguen los riesgos calculados de los riesgos temerarios, pero hay dos que destacan sobre el resto. El primero es una profunda consciencia de las consecuencias potenciales de una decisión. Antes de asumir un riesgo calculado, estudias y comparas las ventajas y los posibles inconvenientes. Te preguntas: «¿Qué pasaría si sigo adelante con esta decisión y cómo podría impactarme esa posibilidad?». Entonces decide si tiene sentido arriesgarse, dado tu resultado deseado y tu tolerancia al riesgo.

El segundo factor es el grado de planificación. Investigas. Recopilas información. Buscas y entrevistas a otras personas que han asumido unos riesgos similares. Trazas unos planes de contingencia que se ponen en marcha cuando se producen unos resultados concretos. Haces estas cosas para ayudar a suavizar el impacto de unos resultados desfavorables.

Compara este enfoque ante la toma de riesgos con la asumida por las personas imprudentes. Se dedica una consideración mínima a los posibles inconvenientes de una decisión (por ejemplo, conducir estando borracho). E incluso cuando existe una pizca de conciencia, los posibles inconvenientes son pasados por alto.

Además, las personas temerarias rara vez planifican sus decisiones. En raras ocasiones investigan o recopilan información, y es improbable que diseñen planes de respaldo para mitigar los efectos de un resultado negativo. En su lugar, se lanzan a la piscina de cabeza. Actúan de forma impulsiva.

La toma de riesgos en el contexto de pensar en grande y perseguir tus ambiciones requiere consideración. Exige precaución y una evaluación cuidadosa de las posibles recompensas e inconvenientes de una decisión concreta. Requiere planificación y preparación.

Dar estos pasos no te protege del fracaso. Tampoco te garantiza que evites cometer errores; pero si fracasas o cometes errores, dar estos pasos te ayudará a recuperarte rápidamente, armado con unos conocimientos prácticos.

Los errores, el fracaso y obtener conocimientos

Es normal preocuparse por cometer errores. Todos tememos la posibilidad de fracasar, pero esta ansiedad es un obstáculo inútil que te refrena. Los errores y el fracaso pueden aportarte claridad y conocimiento. Pueden proporcionar perspectiva, haciendo que conserves la humildad y recordándote que no deberías dar nada por sentado.

La clave consiste en redefinir cómo percibes los errores y el fracaso en el contexto de perseguir tus sueños. En lugar de escuchar a tu crítico interior y de considerarlos como una prueba de tu incompetencia, debes reconocerlos como oportunidades para aprender, crecer y mejorar. En vez de permitir que machaquen tu espíritu y socaven tu confianza, deberías usarlos como motivación para hacerlo mejor la próxima vez.

Cuando observes tus errores y fracasos a través de esta lente centrada en el crecimiento, dejarán de ser obstáculos. En su lugar, se convertirán en una fuente de conocimientos aplicables. Te informan de lo que no funciona, destacan las habilidades que debes mejorar y exponen los sesgos que debes abandonar. De esta forma, tus errores y fracasos pueden servirte a modo de trampolín para la autorreflexión y como catalizador para una acción decidida.

Prepararte para abrazar el riesgo requiere que adaptes tu marco mental. Eso es algo más fácil de decir que de hacer. Puede que debas desenmarañar años de condicionamiento y remodelar tu interpretación de los riesgos y las oportunidades. Quizás debas abandonar tu miedo a lo desconocido y reconocer tu capacidad innata para adaptarte a unas circunstancias cambiantes.

Desentrañaremos este tema en la siguiente sección.

CÓMO ADAPTAR TU MARCO MENTAL

«Eres lo que piensas, así que piensa en grande, cree
en grande, actúa en grande, trabaja en grande,
da en grande, perdona en grande, ríe en grande,
ama en grande y vive en grande».
—Andrew Carnegie

Tu marco mental desempeña un papel crucial en cuanto a pensar en grande. Es la llave que te libera de la prisión de tus limitaciones percibidas. Es la bola de demolición que derriba las barreras y los bloqueos autoimpuestos. Es el bozal que silencia a tu crítico interior, permitiéndote actuar con audacia y sin miedo a su desaprobación.

La mayoría de la gente cultiva una mentalidad anclada en la baja autoestima y el miedo a lo desconocido. En ocasiones, esto sucede debido a los errores, fracasos y decepciones del pasado. A veces sucede porque la gente carece de una red de apoyo y no dispone de nadie a su lado que la anime e inspire y anime su espíritu. En ocasiones, la gente desarrolla un marco mental derrotista y cínico porque todos a su alrededor le dicen que vaya a lo seguro. Esto refuerza su baja autoestima y sus sentimientos de incompetencia.

Cuando resintonizas con cómo te percibes a ti mismo y a tus habilidades, te permites marcarte y perseguir unos objetivos mayores y más importantes. Te proporcionas la libertad necesaria para imaginar conseguir cosas que antaño pensabas que eran impensables o imposibles. Estarás más dispuesto a salir de tu zona de confort y asumir unos riesgos calculados en lugar de ir a lo seguro. No te sentirás obligado a adecuarte a las expectativas de los demás.

Tu mentalidad determina tu comportamiento y tus patrones de pensamiento alimentan tus decisiones. Por lo tanto, vale la pena invertir tiempo y energía para desarrollar y fortalecer una perspectiva basada en la seguridad en ti mismo y una confianza interior que no se vean sacudidas por las opiniones de los demás y que toleren los reveses y los usen como motivación para avanzar. El primer paso consiste en reconocer a los saboteadores más comunes.

Ocho patrones de pensamiento que te sabotearán

Las rutinas mentales poco útiles pueden asentarse con rapidez si no estás atento. Son insidiosas, echando raíces sin que te des cuenta e incrementando su influencia de manera gradual. Para cuando las reconozcas, estarán firmemente arraigadas y serán difíciles de contrarrestar.

Aquí tenemos aquellas con las cuales deberías mostrarte bastante más cauteloso, junto con consejos y técnicas para superarlas.[2]

1. El pensamiento de todo o nada

Consideras cada circunstancia, decisión y acción en su grado extremo. No existe un término intermedio. Triunfas o fracasas.

Esta actitud no sólo te desanima a la hora de emprender acciones, sino que también te disuade de contemplar la posibilidad de que puedes conseguir grandes cosas.

CÓMO SUPERARLO: cuando te des cuenta de que estás etiquetando un pensamiento, comportamiento o acción (o incluso una inacción) en términos binarios de «bueno» o «malo», detente un momento. Reta de inmediato ese proceso de pensamiento. Pregúntate si éste es verdaderamente el caso.

Si, por ejemplo, obtienes un mal resultado en un examen escolar, quizás sientas que eres un pésimo estudiante. Si cometes un error en tu trabajo, puede que sientas que eres un incompetente. Si haces trampas con tu dieta, es posible que pienses que eres un fracasado.

Estas opiniones nunca son válidas. Cuestiónalas cada vez que pienses en términos de blanco o negro. No las dejes pa-

---

2. Uso la palabra «tú» en un sentido inclusivo para hablar de hábitos mentales comunes con los que batalla mucha gente. Mi intención no es la de insinuar culpabilidad, sino más bien la de hacer que estas tendencias contraproducentes sean más cercanas para el lector y fomentar el cambio.

sar sin oponerte a ellas. Con cuanta más regularidad las escrutes, menos credibilidad tendrán cuando asomen a la superficie.

2. El razonamiento mental

Percibes la realidad a través de la lente de tus emociones. Si «sientes» que algo es realmente verdad, lo es a pesar de la falta de pruebas.

Este espejismo es la fuente de la baja autoestima, la inseguridad y el derrotismo.

CÓMO SUPERARLO: reconoce cuándo tus pensamientos, decisiones y acciones surgen de tus emociones. ¿Te sientes enojado, temeroso, culpable o triste? Si es así, pregúntate si estos sentimientos te empujan a actuar o pensar de una determinada manera.

Supón, por ejemplo, que te sientes temeroso y asumes que estás en peligro. Te sientes empujado a responder. Pregúntate si tu respuesta se basa en los hechos o si está alimentada por tu miedo.

O supón que estás enfadado con un compañero de trabajo que te desagrada. Estás a punto de gritarle por algo que percibes como una falta de respeto. Pregúntate si tu ira procede de pruebas del desprecio o si está motivada por la mala opinión que tienes de él.

A medida que desarrolles este hábito, te volverás más consciente de tus sentimientos. Mejorarás a la hora de observarte y determinar si piensas o actúas de forma emocional. Cuanto más crezca este hábito, mejor equipado estarás para enfocar las situaciones de forma objetiva.

3. El catastrofismo

Exageras las consecuencias de las circunstancias no deseables. Los pequeños reveses se convierten en desastres en tu mente y los obstáculos insignificantes parecen insuperables.

Este marco mental refuerza tu miedo al fracaso y genera el caos en tu capacidad de tomar decisiones razonables y racionales.

CÓMO SUPERARLO: desafía cada pensamiento de que va a producirse un desastre. Pregúntate si tienes pruebas innegables que respalden esta afirmación. ¿Cuáles son tus evidencias de que la catástrofe se está cerniendo? Cuando carezcas de esas pruebas, etiqueta el pensamiento como carente de fundamento. Sé consciente de que has imaginado el peor resultado posible y que es dudoso que llegue a producirse.

Supón, por ejemplo, que necesitas recurrir a tus ahorros para hacer reparaciones en tu vivienda después de una tormenta especialmente brutal. Empiezas a asustarte por si nunca podrás ahorrar para tu jubilación. Pregúntate si tu ansiedad se basa en evidencias y un análisis objetivo o si está provocada por una exageración de tus circunstancias.

Con cuanta mayor frecuencia desafíes tus pensamientos catastrofistas y exijas pruebas, más consciente serás de esta tendencia. Cuanto mayor sea tu conciencia, menos inclinado te verás a caer en su trampa.

4. El pensamiento de «debería»

Impones reglas arbitrarias con respecto a tus acciones, decisiones y conductas. Te formas unas expectativas injustificadas e inflexibles sobre ti mismo, tus circunstancias y la gente que hay a tu alrededor.

Este hábito mental cortocircuita tu capacidad de pensar en lo que *puede* ocurrir, porque se obsesiona con lo que *debería* ocurrir, y cuando esto último no logra materializarse, te sientes airado, culpable, frustrado y desmoralizado.

CÓMO SUPERARLO: en primer lugar, cuando surja un pensamiento que proyecte tu expectativa, redefínelo para que exprese aquello a lo que aspiras. Supón que piensas, por ejemplo, «Debería hacer más ejercicio». Redefine esto como «Me gustaría hacer más ejercicio». Si piensas «Debería ser tan exitoso como Tom», redefine esto como «Me gustaría ser tan exitoso como Tom».

En segundo lugar, reconoce tus logros, incluso aquellos que parezcan intrascendentes. Reconoce tus acciones y decisiones que se alineen con tus valores y convicciones. Hacerlo interrumpirá el proceso de pensamiento del «debería» y desplazará tu atención hacia tus logros personales que te motivarán, promoverán tu confianza en ti mismo y validarán tus esfuerzos.

5. El pensamiento de «Es culpa mía»

Asumes la responsabilidad por situaciones negativas que escapan a tu control. Te culpas por las complicaciones, sobrestimando tu influencia sobre las circunstancias que condujeron a ellas.

Esta tendencia dificulta tu capacidad de pensar en grande porque destroza tu autoestima, te hace sentir incompetente o inútil y erosiona tu voluntad de asumir riesgos.

Cómo superarlo: escudriña cada pensamiento que insista en que cargues con la responsabilidad por un resultado no deseado. Busca pruebas innegables de que eres culpable. La autoinculpación infundada suele originarse a partir de unas suposiciones relativas a tu grado de control sobre los eventos. Exige pruebas por parte de tu crítico interior.

Desarrolla el hábito de pensar en las circunstancias en términos de lo que puedes controlar y lo que no. Esto aclarará si eres responsable de un evento y en qué grado.

Supón, por ejemplo, que piensas «Es completamente culpa mía que esta relación se deteriorara». Esta conjetura es, casi con seguridad, falsa. Algunas cosas estaban bajo tu control, pero es probable que otras no lo estuvieran. Identificando ambas, interrumpirás el hábito mental de asumir, de manera errónea, que todo es culpa tuya.

6. El etiquetado negativo

Si cometes un error, te dices que eres un incompetente. Te consideras un fracasado si intentas algo y naufragas. Si hay espacio para el cambio positivo en tu vida, te obsesionas por tus carencias, desarrollando tu identidad alrededor de ellas. Te marcas con unas etiquetas negativas (como «incompetente», «fracasado», etc.).

Este patrón de pensamiento genera una imagen negativa de ti mismo que supone una base para tus acciones y decisiones. Te vuelves temeroso de las críticas por parte de los demás y de tu crítico interior. Empiezas a dudar de ti mismo, permaneciendo en tu zona de confort en lugar de enfrentarte a tus retos de cara.

Cómo superarlo: reevalúa tus expectativas. El etiquetado negativo suele proceder del perfeccionismo. Nos imponemos unos estándares imposiblemente altos y nos criticamos y menospreciamos cuando no estamos a su altura.

Sé consciente de cuándo te asignas unas etiquetas negativas. Si el etiquetado se ha convertido en un hábito, probablemente se dará en modo piloto automático, lo que significa que pasará desapercibido. Para revertir este proceso cognitivo, primero debes reconocer lo que sucede y desafiar esa etiqueta.

Imagina, por ejemplo, que cometes un error en tu trabajo y que piensas inmediatamente de ti mismo que eres un fracasado. Desafía la legitimidad de este juicio sobre tu persona. ¿Te convierte verdaderamente este error en un fracasado o cometemos todos errores de vez en cuando? Cuanto más cuestiones las etiquetas negativas que te pongas, menos creíbles se volverán.

7. Subestimar lo positivo

Cuando logras algo, trivializas tu papel. Cuando alguien te felicita, restas importancia a tu implicación. Cuando te elogian, no haces caso a esos comentarios.

Esta mentalidad erosiona la confianza en ti mismo y tu sentido de agencia. Adiestras de manera inadvertida a tu mente para que ignore tu potencial. Con el tiempo, la perspectiva de alcanzar tus grandes ambiciones empieza a parecer impensable.

Cómo superarlo: para revertir este patrón de pensamiento negativo, anota cada logro justo después de que se produzca. Detalla el logro y todo lo que has llevado a cabo para hacer que suceda. Ningún logro es demasiado pequeño para registrarlo.

Esto sólo lleva un momento. Ten un diario a mano por comodidad. Si pasas la mayor parte del día frente a un ordenador y prefieres registrarlo todo digitalmente, hazlo.

Este diario te ayuda de dos formas. En primer lugar, te permitirá reconocer una tendencia a restar valor a tus acciones y decisiones. Al principio, atribuirte el mérito por las cosas que has registrado puede que te haga sentir incómodo. Quizás parezca que las hubiera hecho otra persona. Esta reacción instintiva expone el hábito, que podría pasar desapercibido y pasarse por alto.

En segundo lugar, tu diario contrarrestará el efecto de subestimarte. Cada vez que lo revises, te recordará que has hecho que se produzcan ciertos resultados, que has puesto cosas en marcha, que has dirigido tu éxito. Con independencia de lo pequeños que fueran, estos logros pasados contradecirán la idea de que desempeñaste un papel trivial.

8. Hacerse la víctima

Echas la culpa a circunstancias desfavorables relativas a factores externos sobre los que afirmas que no tienes ningún control. Los reveses se dan porque la vida no es justa o porque los demás te tratan mal. El fracaso te acecha porque careces de los recursos que necesitas para triunfar.

Esta forma de pensar te apremia a evitar asumir responsabilidades por tu papel en las situaciones en las que te encuentras. Te «protege» de sentirte responsable.

Cómo superarlo: identifica este patrón de pensamiento como un discurso falso y sé consciente de cuándo albergas afirmaciones erróneas relacionadas con él. A continuación, desafía estas afirmaciones erróneas preguntándote si tus acciones y decisiones contribuyeron a ello.

Haz esto de una forma cariñosa y autocompasiva. El objetivo no consiste en que te critiques por tus errores, sino en desarrollar un sentido de agencia y autoempoderamiento y dar con formas de crecer y mejorar.

Supón, por ejemplo, que deseas un ascenso en tu trabajo pero que te pasan por alto. Puedes, instintivamente, pensar lo siguiente:

- «Mi jefe y mis compañeros me odian».
- «Mis habilidades y mi talento no se valoran aquí».
- «No hay forma de progresar en esta empresa».
- «La única forma de avanzar es besando traseros».
- «Mis colegas están suponiéndome un lastre».

En primer lugar, piensa en cada una de estas afirmaciones. Pregúntate si son ciertas. En la mayoría de los casos, no reflejarán exactamente tus circunstancias, o por lo menos no por completo, y no hasta el punto de ser responsables de tu situación al cien por cien.

Puede que, por ejemplo, no le gustes a uno o dos compañeros de trabajo, pero ese mero hecho no arruinará tus posibilidades de conseguir un ascenso. Quizás no sea fácil progresar, pero es probable que lo consigas sin intentar ganarte favores besando traseros.

En segundo lugar, examina tu situación y pregúntate si tus acciones y decisiones han desempeñado algún papel.

¿Concluyes tus proyectos con retraso? ¿Aportas ideas durante reuniones importantes o permaneces en silencio? ¿Te pones a la defensiva cuando recibes una crítica constructiva? ¿Lo das todo o haces lo mínimo?

Una vez más, no te centres en culparte. En su lugar, usa esto para reafirmar tu sentido personal. Acepta el poder de tus decisiones y acciones y reconoce tu capacidad para moldear tu futuro.

Hacer esto interrumpe la mentalidad de ser una víctima. Repetirlo cada vez que te veas tentado a atribuir las circunstancias desfavorables a factores externos refuerza una nueva narrativa que destaca tu capacidad para determinar tu camino.

Es imposible que te imagines consiguiendo cosas extraordinarias cuando estos patrones de pensamiento paralizantes limitan tu espacio mental. Las buenas noticias son que *puedes* triunfar sobre ellos. Puedes remodelar tus hábitos mentales incorporando las prácticas bosquejadas con anterioridad.

No será fácil. La mayoría de nosotros hemos pasado años (incluso décadas) reforzando de manera inconsciente a estos saboteadores mentales. Revertirlos será algo desafiante. Requerirá de tiempo, energía y mucha paciencia y compasión por uno mismo, pero no hay mejor momento que el actual para iniciar el proceso. Las recompensas por hacerlo pueden cambiar tu vida de verdad.

DESHACERTE DE TUS EXCUSAS PARA DESBLOQUEAR TU POTENCIAL

«Disponemos de más habilidades que la fuerza de voluntad, y con frecuencia es una excusa para con nosotros mismos que imaginemos que las cosas son imposibles».

—FRANÇOIS DE LA ROCHEFOUCAU

Todos ponemos excusas. Justificamos nuestra falta de éxito, razonamos nuestra inacción y excusamos nuestra indecisión. Todos nos decimos a nosotros mismos por qué nunca alcanzaremos nuestras ambiciones, incluso aun sabiendo que nuestras razones son simplemente un pretexto para la procrastinación.

Resulta tentador pasar por alto esta tendencia e ignorar sus efectos perjudiciales. Saber que todo el mundo lo hace es tranquilizador, y este consuelo hace que seamos menos tendentes a afrontarlo. Para mucha gente, la tendencia se convierte en un hábito. Se transforma en algo instintivo, en una respuesta refleja ante cualquier pensamiento (cualquier esperanza) de alcanzar grandes cosas.

El problema es que poner excusas da lugar a un caldo de cultivo para otros malos hábitos. Procrastinamos. Evitamos la responsabilidad. Culpamos a los demás por nuestros reveses y decepciones personales. Empezamos a dudar de nosotros mismos, cuestionando nuestras habilidades y nuestro potencial. Nos volvemos menos inclinados a abandonar nuestras zonas de confort, y así, en lugar de centrarnos en cosas elevadas, reconociendo nuestro potencial y persiguiendo nuestros sueños, nos conformamos con menos en cada área de nuestra vida.

Pongamos fin a este hábito contraproducente. A continuación, examinaremos algunas de las excusas más comunes que nos ponemos a nosotros mismos en distintos contextos.

Excusas comunes que nos ponemos a nosotros mismos

Con frecuencia, ponemos excusas sin ser conscientes de que lo estamos haciendo. Esta omisión permite que este comportamiento se vuelva habitual y que se forme sin que seamos conscientes de ello y crezca sin que nos demos cuenta. Si revisamos excusas que se usan con frecuencia en distintas situaciones, veremos lo fácil que es que esta tendencia pueda convertirse en parte de nuestra rutina.

Puede que hayas puesto algunas de estas excusas en algún momento de tu vida o incluso en la actualidad. No pasa nada. No vamos a juzgarte por ello. Nuestro objetivo consiste en reconocer cómo el hecho de poner excusas socava nuestro sentido propio de agencia y nuestra motivación para pensar en grande.

Dieta y ejercicio:
- «No tengo tiempo para hacer ejercicio».
- «No tengo tiempo para cocinar recetas en casa».
- «He intentado perder peso y no funcionó».
- «No puedo permitirme comprar alimentos saludables».

Trayectoria profesional / negocios:
- «No dispongo de los contactos adecuados para triunfar».
- «No poseo habilidades para conseguir un ascenso».
- «Estoy demasiado ocupado como para hacer cursos o asistir a talleres relacionados con mi ámbito».
- «Mi jefe me la tiene jurada».

Superación personal:
- «Soy demasiado mayor para hacer cambios en mi vida».
- «No sé qué hacer o cómo abordar esto».
- «He intentado mejorar en el pasado y la cosa no duró».
- «No dispongo de la fuerza de voluntad necesaria».

Relaciones personales:
- «No dispongo del tiempo necesario para conocer a nuevas personas».
- «No sé cómo iniciar una conversación».
- «He tenido malas experiencias y no quiero que me vuelvan a hacer daño».
- «Soy demasiado tímido».

Aspiraciones académicas:
- «No soy suficientemente inteligente como para conseguir un grado universitario».
- «Mi trabajo no me deja suficiente tiempo libre».
- «Nunca fui bueno en el colegio».
- «Soy demasiado mayor para ir a la universidad».

Proyectos relacionados con tus pasiones (como cocinar, aprender a tocar la guitarra, escribir un libro, etc.):
- «No dispongo de los recursos necesarios para comprometerme con eso».
- «No tengo a nadie que me enseñe».
- «No poseo el talento suficiente».
- «Tengo demasiadas responsabilidades adicionales».

Una vez más, has puesto cualquiera de estas excusas en el pasado, has hecho excepciones y has sido poco exigente contigo mismo. Lo más importante es que reconozcas cómo el *hábito* de poner excusas erosiona tu entusiasmo y tu determinación para perseguir tus sueños.

Por qué ponemos excusas

Antes de que podamos refrenar este hábito necesitamos reconocer, para empezar, por qué lo llevamos a cabo. ¿Cómo se desarrolló este hábito? ¿Qué factores lo estimularon? ¿Qué factores lo reforzaron? Una vez que hayamos determinado estas cosas, podremos abordarlas de cara. Las siguientes razones por las que ponemos excusas son las más comunes.

Procrastinación Esto nos permite retrasar emprender acciones sin sentir que nos estemos rindiendo. La *intención* de actuar está ahí, pero siempre es algo para hacerlo en el futuro.

Miedo al fracaso Está relacionado con la procrastinación. Si nunca emprendemos acciones, nunca tendremos que enfrentarnos al fracaso. Eso es así hasta que nos damos cuenta de que la inacción perpetua representa su propio tipo de fracaso devastador.

Decepciones del pasado Relacionamos el hecho de emprender acciones con unos resultados no deseados. Perdemos la confianza en nosotros mismos y el éxito empieza a parecer inalcanzable. Retrasamos la toma de medidas para evitar tener que enfrentarnos al fracaso una vez más.

El crítico interior Esta voz interior negativa intenta convencernos de que no somos lo bastante buenos, talentosos o inteligentes como para triunfar. Cuanto más la escuchemos, más creíble parecerá. Empezaremos a creerla.

El perfeccionismo Justificamos nuestra inacción afirmando que estamos esperando al momento adecuado o hasta que estemos preparados. Este hábito surge sobre todo de los estándares imposiblemente elevados que nos marcamos.

Evitar los retos Disfrutamos de la seguridad de nuestra zona de confort. Salirnos de ella nos expone a desafíos que alteran esta sensación de seguridad.

La ambigüedad de los objetivos Demoramos adoptar medidas porque no estanos seguros de lo que queremos y de cómo conseguirlo. Esta falta de claridad justifica (en nuestra mente, por lo menos) nuestra falta de voluntad de avanzar.

Ahora que somos conscientes de las razones más comunes por las que ponemos excusas, podemos empezar a trabajar para superar este hábito.

Advertencia: este trabajo no es fácil y no lo concluirás de un día para otro, pero si empezamos ahora, podremos minimizar este parón contraproducente. Lo superaremos gradualmente y, en el proceso, nos proporcionaremos la libertad de actuar con audacia, optimismo y confianza en nosotros mismos.

Cómo dejar de poner excusas

Compartiré pronto varias cosas que puedes hacer para romper el hábito de poner excusas. Tendremos que desarmar varios años de condicionamiento, y nuestra mente se resistirá al cambio. Así pues, estate preparado para actuar con paciencia y comprensión. Acabar con este patrón firmemente asentado y reemplazarlo por uno más saludable llevará tiempo.

Lo más importante que puedes hacer es reconocer que poner una excusa supone tomar una decisión. *Decides* no hacer nada en lugar de tomar medidas.[3] *Decides* procrastinar en vez de avanzar. *Decides* justificarte y razonar en vez de asumir responsabilidades y rendir cuentas.

Esto suena duro, pero en realidad es liberador. Una vez que reconozcas que tienes la sartén por el mango, admitirás que puedes tomar distintas decisiones. Puedes decidir

---

3. Al igual que en el capítulo anterior, uso «tú» en un sentido general.

superar tu tendencia a poner excusas. Puedes elegir desaprender tu condicionamiento y reemplazar unos patrones de autosabotaje por otros autoempoderadores.

Aquí tienes siete cosas que puedes empezar a hacer hoy para liberarte del hábito de poner excusas.

1. Cuando sientas que estás procrastinando, emprende pequeñas acciones en lugar de preocuparte por una gran tarea. Si deseas hacer ejercicio, simplemente ponte las zapatillas deportivas. Si quieres escribir un libro, escribe una o dos frases. Céntrate en el proceso en lugar de en la compleción.

2. Cuando temas el fracaso, redefine el riesgo como una oportunidad para aprender y mejorar. Si eres un trabajador autónomo y lanzas un servicio que no logre atraer interés, habrás ganado un valioso conocimiento.

3. Cuando te mortifiques por reveses pasados, actúa como si fueses un detective. ¿Qué ha fallado? Si tuvieses que volver a hacerlo, ¿qué harías de forma distinta? ¿Cómo evitarías un resultado similar en el futuro?

4. Cuando tu crítico interior asome la cabeza, reta sus afirmaciones. ¿Has experimentado una catástrofe de verdad o simplemente un pequeño contratiempo? ¿Eres de verdad incompetente o sólo no estás preparado, cosa que puedes rectificar con facilidad? ¿Eres realmente indigno del éxito y la felicidad o tu crítico interior se aprovecha de unas creencias limitantes alimentadas por el pasado?

5. Cuando te sientas paralizado por tu perfeccionista interior, concédete permiso para cometer errores. Abraza la imperfección, reconociendo que cada error proporciona una oportunidad para aprender y mejorar.

6. Cuando sientas que te apetece permanecer en tu zona de confort, comprométete a asumir un nuevo reto. En lugar de coger algo para comer en tu restaurante de comida rápida favorito, prepárate una comida sencilla en casa. En vez de retraerte cuando estés haciendo cola, inicia una conversación con la persona que tengas delante de ti. Si te invitan a una fiesta, di que sí en lugar de no aceptar.

7. Si no estás seguro de lo que quieres conseguir, aclara tus objetivos. Desglósalos en forma de pequeños pasos. Revisa qué es lo que necesitas adquirir (habilidades, suministros, etc.) y las acciones que debes emprender para llevar a cabo estos pasos. Crea un plan que especifique hitos y plazos.

Estas siete tácticas son sencillas. Puedes implementarlas hoy, pero recuerda que el hábito de poner excusas es un comportamiento arraigado. Emplea una vía neural formada cuando el hábito se estableció y se ha reforzado con el uso repetido. Reconfigurar las cosas llevará tiempo.

La parte positiva es que revertir este hábito contrarresta muchos otros hábitos de autosabotaje, como la procrastinación y el perfeccionismo. Empezar con este trabajo hoy te hará obtener unos beneficios para el resto de tu vida.

Nos hemos ocupado de mucho material en la «Parte I: Asentar las bases para pensar en grande». Ha sido necesario porque pensar en grande requiere un cambio espectacular en la forma en la que nos percibimos a nosotros mismos, nuestras capacidades y nuestro potencial. En el caso de la mayoría de nosotros, nuestra autopercepción se ha visto socavada y limitada a lo largo de los años, de tal manera que en ocasiones incluso se inicia durante la infacia.

Las buenas noticias son que puedes deconstruir gradualmente los patrones de pensamiento falaces que avivan tu autoimagen negativa y generar unas autoimágenes nuevas y más sanas que las sustituyan. Lleva trabajo pero puedes hacerlo. Puedes recondicionar tus comportamientos y respuestas. Puedes reescribir el guion contraproducente que se desarrolla en tu mente: un guion que evita que alcances el éxito que anhelas y mereces.

Una vez que lo hagas, centrando tu mirada en cosas más elevadas, generando unas metas mayores y más audaces, y emprendiendo acciones con la *esperanza* de alcanzarlas, se convertirán en un acto reflejo.

PARTE II

CÓMO PENSAR EN GRANDE

Ha llegado el momento de poner en marcha todo lo que hemos comentado. En esta sección nos basaremos en los aspectos fundamentales de pensar en grande abordados en la Parte I.

Te acompañaré a lo largo de un proceso paso a paso para entrenar tu mente para que vea más allá de cualquier límite autoimpuesto que esté reprimiéndote en la actualidad. Esta hoja de ruta detallada incluye pasos que te implican sólo a ti, además de algunos que implican a otras personas. Tal y como aprenderás, la responsabilidad, el ánimo y el apoyo emocional procedente de implicar a otros en este viaje son inestimables.

Cada paso viene acompañado de un ejercicio orientado diseñado para reforzar las ideas expuestas y proporcionarte una oportunidad para implementarlas. Estos ejercicios son parte crucial del proceso de aprendizaje. Te proporcionarán una experiencia real al aplicar los conceptos que aprendas y mejorarán tu valoración en cuanto a cómo estos conceptos encajan en la estructura que desarrollaremos juntos. Te animo a que los lleves a cabo a un ritmo adecuado para ti (he proporcionado estimaciones sobre el tiempo que será necesario para cada ejercicio).

Es el momento de pasar a la acción. Arremanguémonos y pongámonos a trabajar.

PASO 1: IMAGINA LAS POSIBILIDADES

«Piensa en pequeños objetivos y espera pequeños logros. Piensa en grandes objetivos y obtén un gran éxito».
—David J. Schwartz

Cuando somos niños todo parece posible. Podemos convertirnos en lo que queramos, conseguir aquello que nos propongamos e ir hacia donde nuestra imaginación nos lleve; y nada parece imposible si la gente a la que admiramos (nuestros padres, hermanos mayores, profesores, etc.) fomentan esta mentalidad.

A esa tierna edad tenemos el mundo a nuestros pies.

A medida que crecemos nuestra perspectiva cambia. Todas las cosas que parecían posibles durante la infancia empiezan a parecer inalcanzables. Nuestros sueños van siendo atemperados por nuestras experiencias. Nuestras aspiraciones se posponen mientras nos centramos en nuestras obligaciones y responsabilidades. La luz de nuestra imaginación se reduce. Puede que incluso se apague, como la llama mortecina de una vela consumida.

Aprendemos a aceptar nuestras circunstancias actuales como una especie de punto final, como una meseta en lugar de como un trampolín hacia cosas más grandes.

El primer paso para entrenarnos para pensar en grande consiste en reavivar ese optimismo debilitado. Sigue estando en el desván de nuestra mente, abandonado y cubierto de polvo y telarañas. Vamos a hacer que regrese a la vida y lo devolveremos a su anterior gloria. Esto empieza recordándonos qué es posible.

El arte de pensar en las posibilidades

Tendemos a ver el mundo a través de una lente enfocada en lo que *no podemos* hacer. Nuestra mentalidad está cercada por nuestras limitaciones percibidas. Nuestra falta de confianza en nosotros mismos restringe nuestra perspectiva. Consideramos que nuestras limitaciones son insuperables, lo que minimiza nuestras habilidades y talentos.

Pensar en las posibilidades le da la vuelta completamente a este marco mental. Provoca que miremos más allá de nuestras limitaciones y defectos percibidos. Nos anima a considerar que nuestro futuro no es inamovible. Allá donde antes sólo veíamos problemas ahora vemos soluciones. Allá donde en una ocasión sólo veíamos barreras, ahora detectamos caminos despejados hacia destinos que antes habíamos abandonado.

Para practicar pensar en posibilidades, debemos dejar de obsesionarnos con lo que creemos que es *imposible*. En primer lugar, necesitamos acallar a nuestros críticos interiores, que son las voces más fuertes que nos dicen qué puede ir mal o por qué algo no es factible. Podemos hacer esto usando tres tácticas a cada oportunidad que tengamos:

1. Desafiar sus dudosas afirmaciones.
2. Redefinir los pensamientos contraproducentes en forma de un *feedback* constructivo.
3. Recordar nuestros logros pasados.

En segundo lugar, debemos aceptar que las opiniones de los demás son falibles. Esto incluye las opiniones de amigos, familiares, colegas e incluso expertos veteranos. Sus perspectivas suelen estar limitadas por su propio pensamiento negativo.

Piensa que es bien sabido que Thomas Watson, presidente y director ejecutivo de IBM, dijo, en 1943: «Creo que hay un mercado mundial para, quizás, cinco ordenadores».

Una vez que hayamos abandonado la negatividad que hay a nuestro alrededor, rehusando permitir que dicte nuestro potencial, debemos desarrollar el hábito de hacer preguntas sobre lo que es posible. Podemos hacer esto de innumerables formas durante un día determinado.

Supón, por ejemplo, que estás haciendo cola para comprar comida en el supermercado cerca de tu casa. La cola es larga y avanza despacio. Pregúntate cómo solucionarías este problema si fueses el encargado de ese comercio. Podrías abrir más cajas, modificar los horarios de tus empleados para adaptarte a una mayor afluencia de clientes, o incluso animar a tus trabajadores para que se ocupen de las compras de tus clientes de un modo más eficiente.

O supón que hay un cuello de botella en cuanto al flujo de trabajo en tu departamento, en tu empleo. Pregúntate cómo solventarías este problema si estuvieses al mando. Podrías identificar a la gente implicada y ofrecerte a reasignar sus tareas no esenciales. Podrías redistribuir recursos. Podrías emplear la automatización o actualizar el software.

Quizás estés pensando: «¿Cómo me ayuda esto a pensar en grande?». Haciéndonos este tipo de preguntas a lo largo del día, en cualquier situación en la que nos encontremos, entrenamos a nuestra mente para que piense en las posibilidades. Cada vez que hacemos esto, erosionamos nuestra tendencia a pensar en razones por las cuales algo *no puede* conseguirse. Estamos desarrollando el *hábito* de pensar en posibilidades. Con el tiempo, este hábito nos empujará a pensar, de manera instintiva, en cómo conseguir cosas (incluso algunas que podríamos haber pensado, antaño, que quedaban fuera de nuestro alcance).

Una última técnica para adoptar el arte de pensar en las posibilidades consiste en estudiar los logros de los triunfadores, que pueden incluir a gente viva en la actualidad (o que haya fallecido recientemente) y que viviera a lo largo de la historia.

Ejemplos de las primeras personas pueden incluir a Steve Jobs, Bill Gates, Michael Jordan, George Lucas y Richard Branson. Ejemplos de las últimas podrían incluir a Martin Luther King, Jr., Albert Einstein, santa Juana de Arco, Wolfgang Amadeus Mozart y Napoleón Bonaparte. Estas personas consiguieron grandes cosas, algunas a una edad sorprendentemente joven. Pueden servirte como fuente rica y constante de inspiración al pensar lo que podía ser posible para nosotros.

El arte de la visualización

La visualización se basa en el pensamiento en las posibilidades y lo usa a modo de trampolín. Una vez que hayamos considerado lo que es posible, nos imaginaremos consiguiendo esos resultados. Nos imaginamos tomando decisiones y llevando a cabo acciones decididas, enfrentándonos a retos y superándolos y, en último término, alcanzando los objetivos que deseamos conseguir.

Los atletas de élite usan la visualización mientras se preparan para competir. Ensayan mentalmente ciertas acciones de la manera correcta. Por ejemplo, los jugadores de baloncesto se imaginan haciendo unos lanzamientos a canasta perfectos bajo presión desde distintos puntos de la pista. Los futbolistas visualizan que llevan el balón entre sus pies, superando a sus oponentes mientras avanzan hacia la portería contraria. Los tenistas evocan imágenes devolviendo servicios de una forma y con una puntería perfectas.

La visualización va unida a la psicología deportiva por distintas razones. Algunas de ellas se alinean con nuestras razones para practicarla:

- Condiciona nuestra mente para conseguir unos resultados exitosos.
- Incrementa nuestra confianza en nosotros mismos mientras evocamos repetidamente imágenes de nosotros haciendo lo necesario para triunfar.

- Reduce nuestro miedo a la incertidumbre y al fracaso.
- Centra nuestra atención en lo que debemos hacer en lugar de en lo que puede fallar.
- Relaja nuestra mente, aliviando el estrés y la ansiedad que acompañan a la presión por obtener unos buenos resultados.
- Nos ayuda a tomar mejores decisiones y a hacer unos planes más precisos clarificando nuestras metas y despejando nuestro desorden metal.

Así pues, ¿cómo obtienes el máximo beneficio posible de la visualización? ¿Cómo empiezas y cómo puedes practicar para sacarle el máximo rendimiento? Aquí tienes mis sugerencias, las cuales me resultaron útiles:

1. Encuentra un lugar tranquilo y libre de distracciones y ponte cómodo. Ponte unos auriculares si no puedes evadirte del ruido en tu entorno más cercano.
2. Empieza cerrando los ojos y haciendo algunas respiraciones profundas para calmar tu mente y deshacerte de tu embrollo mental.
3. Imagínate tomando cada decisión y emprendiendo cada acción que conduzca a alcanzar tu objetivo.
4. Implica a tus vías sensoriales. Contempla la escena en tu mente mientras te esfuerzas por conseguir el éxito y lo consigues. Huélelo. Óyelo. Siéntelo. Saboréalo.
5. Hazlo a la misma hora cada día. Permite que forme parte de tu rutina diaria. Hazlo por la noche antes de acostarte. Escoge el momento que te vaya mejor.
6. Haz que tus sesiones de visualización sean breves (que duren poco, por ejemplo, cinco minutos), por lo menos

al principio. Alárgalas a medida que te vayas sintiendo más cómodo con la práctica.

7. Anota tu experiencia en un diario. Apunta lo que has sentido. Toma nota de cualquier bloqueo o distracción.

Me llevó mucho tiempo aceptar completamente la visualización. Me parecía algo veleidoso. Sin embargo, una vez que empecé a practicarla de manera regular, comprendí por qué los atletas de élite apuestan por ella.

EJERCICIO N.º 1

Este ejercicio consta de dos partes. La primera parte te ayudará a poner en práctica el pensamiento en las posibilidades y la segunda abordará la visualización.

Parte 1

Toma nota de cada área de tu vida en la que te gustaría mejorar. Te recomiendo que uses un bolígrafo y un papel, ya que la experiencia táctil de la escritura estimula la actividad cerebral.[4] No obstante, haz lo que te resulte más cómodo. Aquí tenemos una lista rápida de las categorías que hay que tener en cuenta:

- Trayectoria profesional.
- Finanzas.
- Relaciones.

---

4. Umejima, K.; Ibaraki, T.; Yamazaki, T. y Sakai, K.: «Papernotebooks vs. mobile devices: Brain activation differences during memory retrieval», *Frontiers in Behavioral Neuroscience*, vol. 15 (2021). https://doi.org/10.3389/fnbeh.2021.634

- Forma física.
- Salud mental.
- Educación.
- Aficiones.
- Espiritualidad.
- Superación personal.
- Idiomas.
- Viajes.

Usa esta lista como catalizador para aportar ideas a áreas de tu vida. Añade otras áreas a medida que se te vayan ocurriendo.

A continuación, reflexiona sobre cada apartado que aparezca en tu lista. Por cada uno, anota un objetivo audaz. No te preocupes por si parece realista.

Si tu crítico interior afirma que la meta es inviable, pide pruebas. Si las decepciones del pasado acuden a tu mente, redefínelas como *feedback* para ayudarte a triunfar. Luego recuerda éxitos del pasado que sugieran que puedes alcanzar tu objetivo.

Supón, por ejemplo, que has obtenido un grado universitario en economía y consigues, de inmediato, un empleo en lugar de continuar con tu educación. Tu meta puede consistir en retomar tus estudios para conseguir un doctorado en economía.

Si tu crítico interior afirma que tu objetivo es inalcanzable, desafía esa afirmación. Insiste en ver pruebas. Si esta voz negativa te trae recuerdos de haber obtenido malos resultados en la escuela, redefine esos recuerdos como oportunidades de aprendizaje. ¿Qué cambios puedes llevar a cabo para mejorar los resultados (por ejemplo, estudiar con mayor constancia, dedicar más tiempo a preparar los exámenes, etc.)? Luego recuerda que obtuviste tu grado universitario. Tienes todo lo que hace falta para completar ese reto.

Pasa por este proceso para cada área de tu vida que hayas incluido en tu lista.

Parte 2

Encuentra un lugar tranquilo en el que puedas concentrarte sin distracciones. Siéntate cómodamente con tu lista frente a ti, cierra los ojos y realiza algunas respiraciones profundas. Despeja tu mente de las minucias del día y despréndete de cualquier estrés o ansiedad que sientas.

A continuación, abre los ojos y examina tu lista. Escoge uno de tus objetivos audaces. Vuelve a cerrar los ojos y visualiza cada paso que debes dar para alcanzar tu meta. Imagínate dando esos pasos.

Implica a tus sentidos. Visualízate en situaciones y circunstancias relacionadas con tu objetivo. Imagínate haciendo todo lo que necesitas para acabar la carrera.

Regresemos a nuestro ejemplo de obtener un doctorado en economía. Visualízate completando las tareas, leyendo bibliografía sobre economía, llevando a cabo investigaciones, analizando datos y preparándote para exámenes. Fórmate una imagen mental reuniéndote con tus profesores y comentando el plan de estudios. Imagínate creando la estructura de tu tesis y recopilando los recursos que usarás para escribirla.

Si ésta es tu primera sesión de visualización, haz que sea breve. Por último, anota tu experiencia en un diario. Recomiendo usar una aplicación sencilla para tomar notas, como

Up Note, One Note, o Evernote, de modo que puedas revisar tus entradas cuando lo desees en todos tus dispositivos.

Tiempo necesario para la parte 1: 10 minutos.
Tiempo necesario para la parte 2: 5 minutos.

PASO 2: TRANSFORMA TUS SUEÑOS EN OBJETIVOS FACTIBLES

«Un sueño anotado con una fecha se convierte en un objetivo. Un objetivo desglosado en pasos se convierte en un plan. Un plan respaldado por la acción hace que tus sueños se conviertan en realidad».

—Greg Reid

Recapitulación rápida… Has llevado a cabo una lluvia de ideas sobre las posibilidades en cada aspecto importante de tu vida. Te has visualizado haciendo realidad tus sueños en estas áreas. Ahora has llegado a una bifurcación en el camino. ¿Permitirás que tus sueños sigan siendo meras aspiraciones y deseos o formularás planes para alcanzarlos?

Marcarse objetivos es un factor crucial cuando se trata de pensar en grande. En ciertos sentidos es lo más importante. Lamentablemente, mucha gente descuida marcarse objetivos y tiene dificultades para transformar sus sueños en los resultados que desea.

Esta sección te resultará fácil si tienes experiencia a la hora de marcarte objetivos y dominas el proceso. Por otro lado, si rara vez te marcas metas o no estás familiarizado con cómo hacerlo de manera adecuada, esta sección te servirá como curso acelerado.

Nada sucede sin antes marcarse un objetivo adecuado

Recuerda una época en la que estuvieras motivado a conseguir algo grande. Estabas emocionado. Incluso estabas inspirado. Quizás quisieras perder cuarenta y cinco kilos. Puede que soñaras con adquirir fluidez con una lengua extranjera. Tal vez esperaras fundar un negocio que se convirtiera en la empresa principal en tu campo.

¿Se fue desvaneciendo tu aspiración a medida que transcurría el tiempo? ¿No logró, siquiera, superar la parrilla de salida? Si es así, no estás solo. Todos podemos vernos reflejados en esta experiencia.

Nuestros sueños pueden marchitarse por diversas razones. A veces permitimos, conscientemente, que sea así mientras otras áreas de nuestra vida se vuelvan más importantes y son prioritarias. Aparcamos nuestros sueños o los abandonamos por completo, pero con frecuencia nuestros sueños se desvanecen porque renunciamos a marcarnos unos objetivos orientados a la acción que nos ayuden a alcanzarlos.

Cuando nos marcamos objetivos, nos proporcionamos un rumbo, claridad y un propósito. Creamos una hoja de ruta que nos muestra el camino que hay por delante. Nos marcamos unos hitos para medir nuestro progreso y para que nos ayuden a no salirnos de la senda (o a regresar a ella si nos desviamos).

Cuando descuidamos este proceso, nuestra vía de progreso no está clara. Vamos a la deriva, sin un rumbo fijo, sin una brújula. Podemos sentirnos genuinamente motivados e inspirados, pero también podemos tener dificultades continuas con la indecisión y la inacción. Procrastinamos, inseguros de cómo empezar, y ni hablar de cómo avanzar. Al final, nuestros sueños mueren sin dar frutos.

Las buenas noticias son que puedes evitar este problema por completo. Todo lo que necesitas es dedicar tiempo a la planificación cuidadosa y al planteamiento meditado. A continuación, te mostraré cómo.

Cómo convertir tu sueño en un plan de acción

Hay muchas formas de marcarse objetivos. Uno de los enfoques más populares es generar metas MARTE, priorizando cinco parámetros. Una meta «MARTE» es mensurable, alcanzable, relevante, por tiempo limitado y específica. Es un sistema sensato.

Prefiero usar mi sistema DRIMER. Es más completo y aborda un par de déficits inherentes al sistema MARTE. Aquí tenemos lo que representa cada letra del acrónimo:

D = Detalla tus ambiciones prioritarias
R = Refina los resultados que deseas
I = Identifica las acciones que deberás emprender
M = Modifica tu entorno para complementar tus metas
E = Evalúa tu progreso
R = Reconsidera tus metas

Descifremos rápidamente esta estructura, que consta de seis partes. En primer lugar, si tienes muchas grandes metas, es importante ordenarlas en términos de su importancia para ti. Debes priorizar, porque tu tiempo, energía, atención y dinero son recursos limitados.

Una vez que las ordenes, piensa en las que están en la parte superior de tu lista. ¿Por qué son tus principales prioridades? ¿Cómo cambiaría tu vida si las materializases?

En segundo lugar, afina tu resultado final deseado. Las metas suelen ser borrosas al principio, pero este paso hará que ajustes el foco. Puede que, por ejemplo, quieras «transformar tu físico», pero ese objetivo es vago. Refínalo determinando tu peso deseado, tu masa muscular, tu porcentaje de grasa corporal y la definición de tu musculatura en la parte superior e inferior de tu cuerpo.

En tercer lugar, crea una hoja de ruta detallada que te conduzca a tus resultados refinados. Esta hoja de ruta especificará todo lo que tienes que hacer. Usando nuestro ejemplo, incluiría un plan de alimentación y un régimen de ejercicio. También un cronograma con hitos para monitorizar tu progreso. La mejor forma de crear esta hoja de ruta consiste en trabajar hacia atrás. Sabes exactamente lo que te gustaría conseguir. Empieza ahí y determina el hito inmediatamente anterior. A continuación, asigna un plazo para alcanzarlo. Haz esto una y otra vez hasta que hayas retrocedido hasta el presente.

Aquí tenemos un ejemplo sencillo: supón que tu porcentaje de grasa corporal es, en la actualidad, del 45 por 100. Te gustaría reducirlo al 8 por 100. Decides alcanzar un 10 por 100 de grasa corporal para una fecha determinada. Después decide sobre el 12 por 100 para una fecha concreta. Luego sobre el 14 por 100, etc. Extiende esta serie de hitos hasta llegar al presente.

En cuarto lugar, cambia tu entorno para dar cabida a tu meta. Los factores ambientales desempeñan un papel importante en la consecución de los objetivos. Siguiendo con nuestro ejemplo, elimina la comida basura de tus armarios. Compra una serie de pesas para poder hacer ejercicio sin ir a un gimnasio. Adquiere utensilios de cocina para preparar tus comidas en casa.

El quinto paso es fácil. Comprueba con regularidad si estás alcanzando tus metas de acuerdo con los plazos que te has fijado. Si no es así, revisa tu hoja de ruta para que se adapte a tu progreso.

Por último, reconsidera tu objetivo periódicamente y pregúntate si sigue siendo importante. Es fácil acabar con una visión de túnel, persiguiendo cosas que ya no son relevantes ni factibles debido a un cambio en las prioridades o las circunstancias.

Si tu objetivo ya no supone una prioridad, no temas abandonarlo. Esto liberará tus limitados recursos para así perseguir ambiciones más prioritarias.

Resumiendo, mucha gente confunde sus aspiraciones con metas. Asume que contemplar las primeras es lo mismo que crear las últimas, pero esto no es así en absoluto. El establecimiento de objetivos de forma proactiva y estratégica distingue la fantasía del éxito en el mundo real. Su ausencia es una de las razones más comunes por las cuales la gente no logra materializar sus deseos.

EJERCICIO N.º 2

ESTE EJERCICIO SE CENTRA en el tercer y el cuarto paso que ya hemos detallado. Refinaremos un objetivo vago y crearemos un plan de acción para alcanzarlo.

En primer lugar, elige un objetivo a corto plazo. Aunque pensar en grande implica marcarse metas enormes, los objetivos pequeños, en estos momentos, son más adecuados para nuestros fines.

A continuación, realiza ajustes en este objetivo. Sé muy concreto en cuanto a lo que quieres conseguir. Por ejemplo, en lugar de intentar «perder peso», podrías decidir «perder ocho kilos». En vez de intentar «ahorrar», podrías decidir «ahorrar 4500 dólares».

Ahora crea una hoja de ruta. Empieza con tu resultado deseado y trabaja hacia atrás. Incluye hitos y asígnale un plazo a cada uno. Aquí tenemos una hoja de ruta a modo de ejemplo para ahorrar 4500 dólares:

Fecha actual: 1 de enero
Plazo final: 4500 dólares para el 31 de julio
Hito n.º 5: 3750 dólares para el 30 de junio
Hito n.º 4: 3000 dólares para el 31 de mayo
Hito n.º 3: 2250 dólares para el 30 de abril
Hito n.º 2: 1500 dólares para el 28 de febrero
Hito n.º 1: 750 dólares para el 31 de enero

El principal objetivo de este ejercicio consiste en desarrollar el hábito de ser concreto en cuanto a tus metas y crear planes de acción detallados para alcanzarlos. Usamos pequeños objetivos para este ejercicio, pero una vez que adquieras el hábito, podrás aplicar fácilmente este proceso a tus grandes objetivos.

Tiempo necesario: 20 minutos.

PASO 3: DESAFÍA
LO QUE PERCIBES
COMO TUS LIMITACIONES

«No hay ningún hombre vivo que no sea capaz de
hacer más de lo que cree que puede hacer».
—Henry Ford

Mantenemos un sistema de creencias enfocado al interior con respecto a nuestras habilidades, talentos y potencial. Cultivamos esta estructura a lo largo de nuestra vida, empezando durante la infancia. Hay muchas cosas que influyen en ella, tanto positiva como negativamente.

Tu sistema de creencias sobre ti mismo puede inspirarte y animarte a conseguir cosas destacables en tu vida. Puede proporcionarte la resiliencia que necesitas para avanzar cuando te enfrentes a retos y contratiempos, para tener la confianza de que los superarás.

Por otro lado, también puede servir a modo de prisión. Si tu autopercepción está alimentada por pensamientos negativos, unas duras críticas y unas limitaciones autoimpuestas, encontrarás casi imposible contemplar, por no hablar de perseguir, grandes objetivos. Cada creencia limitada sobre ti mismo es como una cadena que te une a una vida de mediocridad.

El tercer paso para aprender a pensar en grande consiste en enfrentarte a tus pensamientos autolimitantes. Los abordaremos de cara, retando su legitimidad. Cuando demuestren que son injustos o infundados, nos desharemos de ellos con confianza. Pero primero exploremos rápidamente cómo estos pensamientos surgen en primer lugar. Esto conformará nuestra estrategia para refutarlos.

Los orígenes de tus pensamientos autocríticos

Numerosas influencias pueden provocar que se forme y florezca una autoimagen negativa. Por desgracia, estas influencias no siempre nos resultan evidentes. Esta falta de conciencia les permite dañar nuestra mentalidad inadvertidamente y sin oposición.

A veces son sutiles, susurrando y alentando a nuestro subconsciente para que abrace la autocrítica. En ocasiones son evidentes, hipercríticas y demasiado sentenciosas. Ambas opciones resultan en una baja autoestima, e incluso pueden conducir a grados variables de autodesprecio. Aquí tenemos las fuentes más comunes de estos pensamientos autocríticos.

FAMILIA: puede que tu familia te menospreciara cuando eras muy joven (quizás hasta siga haciéndolo). Tal vez te comparen negativamente con tus hermanos, que han sobresalido en sus respectivos campos. Puede que expresen su amor y afecto de forma condicional, haciéndote sentir como que tienes que ganarte estas cosas una y otra vez. Tu familia puede tener un efecto devastador en sobre cómo te percibes a ti mismo.

FIGURAS DE AUTORIDAD: las figuras de autoridad pueden tener un impacto similar cuando eres joven. Puede que tus profesores criticaran tu inteligencia. Quizás tus entrenadores denigraran tu capacidad atlética. Es posible que tus jefes cuestionen de continuo tu competencia. Estas interacciones moldean tus creencias relativas a tu potencial y tu capacidad para el éxito.

FRACASOS Y ERRORES PASADOS: los hemos comentado antes y lo volveremos hacer en el paso 10, por lo que no insistiremos en este tema aquí. Baste decir que aferrarse a los fracasos y errores del pasado y echarte la culpa en lugar de aprender de ellos y dejarlos ir alimenta sentimientos de culpa y vergüenza. Estos sentimientos generan el caos en tu convicción respecto a tu capacidad para alcanzar grandes metas.

LAS EXPECTATIVAS DE LOS DEMÁS: las expectativas poco razonables de otras personas pueden hacerte sentir incapaz e incompetente. Si permites que estas expectativas dicten tus acciones, lucharás constantemente contra estos sentimientos. Con el tiempo, destrozarán tu autoestima hasta el punto en que ya no podrás imaginarte conseguir nada más que los objetivos más pequeños.

COMPARACIONES INJUSTAS: en la actualidad es más fácil que nunca que te compares con otras personas, por lo general en un contexto negativo. La omnipresencia de las redes sociales basadas en la imagen no hace más que amplificar esta tendencia. Observas cómo (supuestamente) los demás viven tu vida deseada y te sientes como un incompetente porque tú no estás viviendo esa vida.

EL CRÍTICO INTERIOR: tu crítico interior aprovecha las influencias anteriores. Las usa para crear y mantener un monólogo interior que denigra una y otra vez tus habilidades y socava tu potencial.

Esta dinámica de sabotaje se ha estado produciendo durante el tiempo suficiente y ha hecho suficiente daño. Desafiemos, por fin, tu sistema de creencias negativo enfocado al interior y remodelemos la forma en la que te ves a ti mismo.

Cómo desterrar los pensamientos autocríticos y superar tus limitaciones autoimpuestas

No tiene ningún sentido endulzar esto. Revertir las creencias autosaboteadoras llevará tiempo, energía y paciencia. Requerirá de autorreflexión y autocompasión. No sólo desarmarás años de condicionamiento negativo, sino que también batallarás contra la resistencia de tu cerebro al cambio.

No es suficiente con esquivar estas barreras mentales, sino que también deben derribarse. Aquí tenemos un enfoque multifacético, usando preguntas dirigidas a ti mismo a modo de apuntes.

«¿Qué creencias limitantes me están reprimiendo?»

Debes ser consciente de tus limitaciones autoimpuestas antes de poder desafiarlas. Las creencias limitantes suelen pasar desapercibidas. Su eficacia es máxima cuando no son detectadas y operan sin que podamos reprenderlas.

Hacerte esta pregunta te ayudará a revelar las limitaciones que te estás imponiendo a ti mismo.

«¿Qué pruebas respaldan estas limitaciones percibidas?»

El diálogo interno que te dice que no eres lo bastante bueno, lo bastante inteligente, demasiado mayor, demasiado joven o que no estás preparado para conseguir grandes cosas debe ser retado en todo momento. De otro modo seguirá subestimándote. Ése es su trabajo.

Pero recuerda que la carga de la prueba sigue presente en tu crítico interior. Pide pruebas y probablemente descubrirás que sus críticas son infundadas.

«¿Qué límites debería crear para protegerme?»

No todos en tu vida respaldarán tus objetivos y aspiraciones. Algunos serán realmente negativos opinando sobre por qué no triunfarás. Puede que incluso actúen así creyendo que te están haciendo un favor. Algunos son bienintencionados, pese a que te vacían de tu confianza en ti mismo, tu entusiasmo y tu optimismo.

Protégete erigiendo unos límites personales. Limita el tiempo que pasas con personas negativas o tóxicas. Rehúsa compartir tus ambiciones con ellas. Cuando opinen sobre tus capacidades, no interactúes con ellas. Deja que digan lo que piensan y luego desconecta de la conversación.

«¿Qué expectativas externas estoy intentando satisfacer?»

Es fácil caer en la trampa de moldear tus acciones, decisiones y comportamiento para satisfacer los estándares de los demás: tu familia, tus amigos, tus colegas, tus vecinos, aquellos que comparten tu cultura, la propia sociedad. La tendencia a intentar estar a la altura puede volverse tan arraigada que la lleves a cabo sin pensar en ella, sin cuestionarte si *deberías hacerlo*.

No estás obligado a complacer a otras personas o a satisfacer sus expectativas. Aparte de tus compromisos razonables, la única persona a la que deberías esforzarte por complacer eres tú mismo.

«¿Me estoy comparando con otros?»

Compararte con otros *puede* ser de utilidad si usas la comparación como catalizador para planificar y actuar de manera deliberada. Observas, por ejemplo, a un amigo con unas fortalezas y circunstancias similares a las tuyas consiguiendo algo que tú deseas obtener. Luego usarás esa observación para inspirarte y motivarte a hacer lo mismo.

Sin embargo, fuera de este contexto limitado, compararte con los demás no es sano. Alimenta los celos y el resentimiento, provoca una baja autoestima y sentimientos de incompetencia. Hacerte esta pregunta te ayudará a centrarte menos en los logros de los demás y más en tu propio viaje.

«¿Qué fracasos pasados están provocado que dude de mí mismo?»

Todo camino hacia el éxito está repleto de errores y fracasos. Es fácil permitir que estas experiencias alimenten tus creencias limitantes, en especial si el éxito sigue estando fuera de tu alcance. Los recuerdos relativos a ellas suelen ser borrosos, lo que permite que tu crítico interior los explote para reforzar su letanía de críticas y juicios.

Esta pregunta pondrá el foco sobre experiencias pasadas que están socavando tu autoconfianza. Las expondrá para que puedas escrutarlas de forma objetiva, aprendiendo valores de ellas en lugar de que alimenten su baja autoestima.

EJERCICIO N.º 3

ESTE EJERCICIO ES sencillo. Vamos a evaluar una creencia limitante que está alimentando tus limitaciones percibidas.

Nuestro objetivo es doble. En primer lugar, queremos poner este pensamiento autocrítico en primer plano para que así no pueda operar de incógnito. En segundo lugar, deseamos retarlo, determinando si tiene valor o si cuenta con el respaldo de pruebas.

El primer paso consiste en identificar uno de tus pensamientos contraproducentes. Lo ideal sería que estuviese relacionado con algo concreto que te gustaría lograr. Aquí tenemos algunos ejemplos:

- «Soy demasiado mayor para fundar una empresa».
- «No soy lo bastante disciplinado para ponerme en forma».
- «No dispongo de lo que hace falta para conseguir un doctorado».

El segundo paso consiste en averiguar el origen de esta autoevaluación negativa. ¿De dónde surgió? ¿Se formó debido al continuo menosprecio, por parte de tu familia, de tus capacidades y tu potencial? ¿Se desarrolló como resultado de fracasos y errores del pasado? Es posible que múltiples factores contribuyeran a ello. Anótalos todos.

El tercer paso consiste en evaluar cada asunto que has apuntado y examinar las emociones que evoca cada uno de ellos. Puede que, por ejemplo, te sientas enfadado, dolido, avergonzado y resentido cuando tu familia te denigra. Aleja esas emociones por ahora. Desconecta de ellas.

Por último, revisa la creencia limitante que has identificado en el primer paso y evalúala de manera objetiva. ¿Demuestran las pruebas que es legítima o está alimentada principalmente por las emociones negativas que le has asociado? Si hay pruebas, ¿les estás dando más valor del que merece basándote en esas emociones?

Es posible que te encuentres con que tu creencia limitante se basa en una o más premisas falsas. Una vez que hayas decidido que esto es así, podrás abandonar la limitación percibida que alimenta con mayor facilidad.

Tiempo necesario: 15 minutos.

PASO 4: ABRAZA LA MENTALIDAD DE CRECIMIENTO

«La vida no consiste en encontrarte, sino en crearte».
—GEORGE BERNARD SHAW

El término «mentalidad de crecimiento» ha sido un lema durante años. Se menciona de manera rutinaria en las escuelas de negocios, los talleres de gestión, el entrenamiento deportivo y las conferencias de liderazgo. También se menciona con regularidad al hablar sobre el espíritu emprendedor, la firmeza mental y la salud emocional. Se trata de, prácticamente, un grito de guerra en el campo de la superación personal.

Hay una buena razón para esto, sobre todo para el hecho de pensar en grande. Cuando desarrollas una mentalidad de crecimiento, todo se vuelve alcanzable. Puedes aprender cómo hacer algo que no sepas hacer actualmente, mejorar si estás teniendo dificultades con algo en un área concreta de tu vida, o usar un *feedback* constructivo para hacerlo mejor a lo largo del camino.

Con una mentalidad de crecimiento siempre hay espacio para la mejora. Eso es fundamental para perseguir tus sueños. Nada parece imposible cuando sabes que puedes mejorar en cualquier cosa. Empiezas a ver los obstáculos como retos en lugar de como barreras que te retienen. Comienzas a considerar los reveses y los fracasos como oportunidades para adquirir nuevos conocimientos en lugar de razones para abandonar. Buscas, instintivamente, formas de adaptarte a las situaciones difíciles en lugar de rendirte debido a la frustración.

A continuación, compararemos y contrastaremos la mentalidad de crecimiento con su contraparte: la mentalidad fija. A lo largo del camino verás cómo la segunda mina todos los intentos por pensar en grande. Después nos ocuparemos de varias cosas que puedes llevar a cabo de inmediato para desarrollar la primera.

¿Tienes una mentalidad fija o una mentalidad de crecimiento?

La imagen que tienes de ti mismo surge de una de dos mentalidades básicas. Ambas tienen una gran influencia sobre tus acciones, decisiones y comportamiento general. Determinan tu voluntad para marcarte unas metas enormes. Determinan tu motivación y entusiasmo para perseguir tus ambiciones con intención y confianza. Determinan tu resolución para actualizarlas y poner al corriente tu tenacidad para seguir avanzando cuando las cosas van mal.

Una mentalidad fija asume que tus talentos, capacidades e inteligencia son fijados cuando naces. Se acepta, como algo que se da por hecho, que no hay nada que puedas hacer para cambiar estas cosas. No puedes mejorar. No puedes mejorarte. No puedes estar por encima de quién eres en este momento.

Piensa en lo que significa esto en el contexto de pensar en grande, marcarte unos objetivos enormes y aspirar a hacer grandes cosas en tu vida. Si te aferras a una mentalidad fija, serás propenso a:

- Renunciar cuando experimentes reveses.
- Alejarte de los retos para evitar fracasar y parecer un inepto o un inútil.
- Ponerte a la defensiva cuando se te proporcione un *feedback* constructivo.
- Centrarte en alcanzar objetivos diminutos al coste de tu crecimiento personal.
- Compararte con otros y sentirte amenazado por su éxito.
- Asumir que no hay razón alguna para intentarlo, ya que tratar de mejorar no tiene sentido.

Esta percepción de ti mismo descarta apuntar alto y perseguir tus sueños. Presupone que tu capital es limitado al principio de tu vida. Asume que tus capacidades y, por lo tanto, tus perspectivas, alcanzan una meseta en un determinado momento y que conseguir más que lo que ese nivel «permite» es fútil.

Ahora compara esto con una mentalidad de crecimiento. Esta perspectiva asume que tus talentos, capacidades e inteligencia pueden expandirse una y otra vez. Puedes aprender y mejorar. Puedes desarrollar y dominar cualquier habilidad.

Piensa en lo que *esto* significa en el contexto de pensar en grande. Si conservas una mentalidad de crecimiento, tendrás propensión a:

- Perseverar cuando te enfrentes a contratiempos.
- Anhelar los retos porque sientes que te enseñarán algo útil.
- Agradecer el *feedback* como una oportunidad para desarrollar o refinar tus habilidades.
- Centrarte en el panorama general en lugar de perseguir metas diminutas centradas en resultados triviales.
- Sentirte motivado e inspirado cuando ves a otros triunfar.
- Abrazar el trabajo duro, con la confianza en que tus esfuerzos te harán competente y te conducirán al éxito.

Sé consciente de cómo la mentalidad de crecimiento se alinea perfectamente con marcarte unas metas ambiciosas e imaginarte consiguiendo cosas extraordinarias. La mentalidad de crecimiento forma parte integral de pensar en grande. Te inspirará para que te aventures más allá de tu zona de confort. Te motivará para que crees metas elevadas con toda la intención de alcanzarlas. Te proporcionará la confianza en ti mismo para abordar los desafíos y superar los obstáculos.

Teniendo esto presente, ¿cómo desarrollas una estructura mental centrada en el crecimiento personal en lugar de en las limitaciones? ¿Cómo cambias tu forma de pensar de modo que puedas, finalmente, reconocer tu potencial?

Cómo cultivar una mentalidad de crecimiento

Puedes reemplazar con facilidad una mentalidad fija por una de crecimiento. Advertencia: llevar a cabo cualquier cambio en tus patrones de pensamiento que valga la pena requerirá tiempo, esfuerzo, constancia y paciencia, pero ten por seguro que *puedes* conseguirlo si sigues una estrategia cuidadosamente planificada. Aquí tenemos un proyecto de cuatro pasos.

Paso 1

El primer paso consiste en identificar los signos de una mentalidad fija. Es fácil pasarlos por alto. Además, durante cuanto más tiempo hayas albergado una mentalidad fija y cuanto más arraigadas estén las creencias relacionadas con ella, más probable será que estés desensibilizado a ellas.

Por ejemplo, ¿evitas de manera instintiva las tareas, proyectos y empeños que parecen desafiantes? Cuando algo te cuesta, ¿le echas la culpa a factores externos en lugar de reconocer tus carencias? Cuando la gente te ofrece un *feedback* útil, ¿te pones a la defensiva y lo desdeñas?

No te castigues si percibes estas o cualquier otra señal de alarma. El objetivo de este primer paso consiste en ser consciente del problema. Detectar las señales reveladoras de una mentalidad fija hace que el problema sea menos abstracto y más tangible.

Paso 2

A continuación, reconoce que cada acción empieza con una decisión. Cualquier cosa que hagas comienza con una decisión para hacer esa cosa.

Si, por ejemplo, te encuentras con una barrera y te rindes, lo haces porque has *decidido* rendirte. Si alguien te ofrece *feedback* y lo aceptas para así mejorar, lo haces porque has decidido aceptar su contribución.

Cuando reconoces que tus acciones surgen de tus decisiones, admites que estás al timón. Aceptas la responsabilidad por lo que suceda inmediatamente después de enfrentarte a los retos y contratiempos. Reconoces que eres responsable. Aunque esto pueda parecer amedrentador, es empoderador. Ostentas el control. Tú determinas el camino que tienes por delante.

Paso 3

Adquiere el hábito de percibir el fracaso como una oportunidad de aprender algo útil. Como esto es más fácil de decir que de hacer, desglosar más este paso es de utilidad.

En primer lugar, sé consciente de que todo el mundo experimenta el fracaso. La persona más exitosa que conozcas lo ha sufrido muchas veces. Desde los atletas de clase mundial hasta los autores superventas, los empresarios de éxito y los líderes consumados, todos lo han afrontado. El fracaso es algo universal.

En segundo lugar, siempre que fracases, hazte las siguientes preguntas:

- «¿Qué puedo aprender de esto?».
- «¿Qué factores condujeron a este resultado?».

- «¿Cuál de mis decisiones contribuyó a ello?».
- «Sabiendo lo que sé ahora, ¿de qué otra forma haría las cosas?».

Este no es un proceso divertido, pero puede conducirnos a unos conocimientos valiosos que podemos usar para obtener unos mejores resultados.

En tercer lugar, recuérdate constantemente que el fracaso no es la resolución definitiva con respecto a tus habilidades o capacidades para alcanzar el éxito. No es un veredicto sobre tu potencial. Por el contrario, el fracaso es tan sólo un indicador que apunta a lecciones que deben aprenderse y a habilidades que pueden mejorarse.

En último lugar, rodéate de gente que sea alentadora y estimulante cuando fracases. No necesitas a gente que simplemente sienta lástima por ti. En su lugar, querrás estar al lado de aquellos que te motiven e inspiren a avanzar. Desearás pasar tiempo con personas que te levanten el ánimo y te alienten cuando te encuentres con reveses.

Si haces esto regularmente, tu cerebro redefinirá cómo percibe el fracaso. Éste es un aspecto crucial de pensar en grande, y lo comentaremos con más detalle en el Paso 10: Da un buen uso al fracaso.

Paso 4

Busca retos. Acógelos con los brazos abiertos. Cuantos más desafíos aceptes o persigas, más oportunidades tendrás para identificar tus limitaciones personales. Esto significa que dispondrás de más oportunidades para afinar tus grandes habilidades o desarrollar otras nuevas. Tendrás más posibilidades de desarrollar aptitudes en áreas concretas de tu vida.

Este paso es el cuarto por una razón. Si no has pasado por los pasos anteriores, que se te haga ser consciente de tus limitaciones será desagradable e incluso inquietante. Eso es contraproducente, pero una vez que has redefinido cómo percibes los fracasos y los reveses, este paso se convierte en una experiencia más gratificante. El pesimismo se ve reemplazado por el optimismo. La negatividad habitual se sustituye por una actitud positiva y un entusiasmo por aprender y mejorar.

Cultivar una mentalidad de crecimiento no es como encender un interruptor en tu cerebro. Consiste en un replanteamiento de tus patrones de pensamiento. No es fácil. Lleva tiempo. Desenmarañarás años de condicionamiento, así que ten paciencia contigo mismo. Te prometo que desarrollarás con éxito una mentalidad de crecimiento si sigues los cuatro pasos mencionados.

EJERCICIO N.º 4

ÉSTE ES UN SIMPLE EJERCICIO QUE CONSISTE EN ESCRIBIR UN DIARIO. Recomiendo hacerlo a la vieja usanza: con bolígrafo y papel.

Cada vez que te encuentres con un contratiempo, anota el incidente en tu diario. Luego hazte las siguientes preguntas y registra tus respuestas.

- ¿Qué sentimientos experimenté?
- ¿Qué convicciones alimentaron esos sentimientos?
- ¿Mostré una actitud positiva o negativa con respecto a mi capacidad de adaptación?
- ¿Me vi tentado a rendirme o me sentí empujado a perseverar?

- Si me vi tentado a rendirme, ¿qué emociones y patrones de pensamiento contribuyeron a la tentación?

Este ejercicio pretende mejorar tu conciencia de ti mismo respecto a tus tendencias mentales. Mientras sigues los cuatro pasos bosquejados con anterioridad y practicas este ejercicio de manera regular, tu perspectiva cambiará. Verás cada vez menos señales de una mentalidad fija y abrazarás tu potencial para aprender y mejorar.

Tiempo necesario: 10 minutos por entrada en el diario.

PASO 5: DESARROLLA LOS MÚSCULOS DE LA CONFIANZA EN TI MISMO

«Yérguete y sé consciente de quién eres, de que te sobrepones a tus circunstancias».

—MAYA ANGELOU

Pasamos mucho tiempo pensando en cómo nos ven los demás. Eso es algo natural, e incluso sano. Somos seres sociales y queremos sentirnos conectados a otras personas. Cuando estamos con desconocidos, esta tendencia nos ayuda a experimentar un sentimiento de pertenencia. Cuando estamos con nuestros seres queridos, intensifica la sensación de intimidad que compartimos con ellos.

Pero en ocasiones esta tendencia va demasiado lejos. Si no se vigila, empieza a eclipsar la forma en la que te ves a ti mismo. La percepción que los demás tienen sobre ti adquiere prioridad. Pierdes gradualmente tu sentido de identidad mientras dedicas tu tiempo y energía a luchar para satisfacer los patrones que te marcan los demás.

Esto destroza, con el tiempo, la confianza que tienes en ti mismo. Empiezas a confiar en otras personas para obtener validación, lo que desencadena tu baja autoestima. Comienzas a temer la desaprobación por parte de los demás, lo que te paraliza con la inacción. Permites que los elogios de los demás dicten tus decisiones.

Es imposible pensar en grande sin tener confianza en uno mismo. ¿Cómo puedes perseguir tus sueños y hacerlos realidad si careces de fe en tus capacidades? ¿Cómo puedes marcarte y alcanzar unos objetivos ambiciosos si te subestimas y no confías en tus instintos?

En el Paso 4 hemos cultivado una mentalidad de crecimiento. Con respecto a desarrollar la confianza en uno mismo ya estamos a medio camino. Finalicemos esta parte de nuestro viaje.

Señales de que tienes dificultades con la confianza en ti mismo

La baja autoestima no siempre es obvia. Puede que esté camuflada si rara vez te aventuras fuera de tu zona de confort. Si sólo llevas a cabo cosas que haces bien, esas competencias pueden proporcionarte una falsa sensación de seguridad. Es una forma de confianza desarrollada sobre unos cimientos poco firmes. Es un espejismo que se desvanece cuando te retas y te encuentras con dificultades.

Por lo tanto, profundicemos revisando varios riesgos y tendencias que sugieren una falta de confianza en ti mismo. No te preocupes si algunos de ellos te tocan la fibra sensible. Hablaremos sobre cómo superarlos en unos minutos.

INDECISIÓN: te preocupas por la toma de malas decisiones porque no confías en ti mismo para tomar buenas decisiones. Dudas de tu interpretación y valoración de la información relevante y acabas cuestionándote.

PROCRASTINACIÓN: siempre sientes que no estás preparado para actuar. Dudas de que tengas lo que hace falta para triunfar, por lo que postergas avanzar. No te has rendido, pero eres incapaz de despegarte del taco de salida.

PERFECCIONISMO: te obsesionas con hacer las cosas a la perfección. Te impones unos estándares imposibles y temes ser incapaz de estar a su altura. La posibilidad de cometer errores provoca que dudes e incluso que te quedes paralizado con la inacción.

BAJAS EXPECTATIVAS: te marcas unas bajas expectativas para así evitar la decepción. Una parte de ti espera fracasar, y reducir tus expectativas te escuda de las emociones negativas desencadenadas por el fracaso. Esta tendencia desalienta que te marques y persigas unas metas ambiciosas.

SÍNDROME DEL IMPOSTOR: no te sientes digno del éxito que has experimentado. A pesar de las claras pruebas de tus capacidades, talentos y resiliencia, sientes como si tu éxito fuese inmerecido. Este sentimiento te persigue, espoleándote para que trabajes más duro mientras temes que expongan que eres un fraude.

REFLEXIONES NEGATIVAS: tu crítico interior critica una y otra vez tus decisiones, acciones y aspiraciones. Cuando fracasas, eso te hace sentir incompetente. Cuando triunfas, te hace sentir que no lo mereces. Nada es lo bastante bueno para satisfacerle.

SE MENOSPRECIAN LOS CUMPLIDOS: te muestras escéptico cuando los demás dicen cosas buenas de ti. Te tomas sus elogios con pinzas, ya que te cuesta sentirte merecedor de ellos. Evitas el foco de los aplausos de los demás, ya que esperas decepcionarlos.

SENSIBILIDAD AL *FEEDBACK*: te sientes insultado cuando los demás te proporcionan unas críticas constructivas. Te sientes menospreciado y socavado cuando recibes un *feedback* que no es excelente. Ese *feedback* te desanima en lugar de motivarte a aprender, adaptarte y mejorar.

EVITACIÓN DE RIESGOS: permaneces en tu zona de confort porque es familiar y segura. Vas sobre seguro, diciéndote que hacerlo es prudente. Esta precaución proporciona estabilidad, pero también hace que te pierdas oportunidades.

MIEDO AL FRACASO: eres reticente a probar cosas nuevas porque te preocupa que puedan dar lugar a un resultado negativo. Cada reto lleva consigo el espectro del fracaso, lo que te hace sentir más indefenso y paralizado, incapaz de avanzar.

EVASIÓN DE LA RESPONSABILIDAD: cuando te enfrentas a un error, rehúsas que te hagan responsable de él. En lugar de admitir tu fallo, desvías el foco hacia otros, esperando que sean ellos los que reciban las culpas.

FALTA DE LÍMITES: tienes dificultades para decir no y marcar unos límites sanos. Sientes que tu tiempo, energía y otros recursos son menos importantes que los de otras personas. Sacrificas tus propias necesidades para evitar el conflicto.

Una vez más, no te asustes si percibes una de las características anteriores en tu vida. Todos las hemos experimentado. Ninguno de nosotros nace con confianza en sí mismo. Se trata de algo que aprendemos a adoptar y a abrazar a lo largo de nuestra vida.

Si careces de confianza en ti mismo, te has visto condicionado a sentirte así. Numerosos factores han contribuido a ello y no tenías control sobre muchos de ellos. El asunto crítico a apuntar es que puedes recondicionarte. Puedes adaptar la imagen que tienes de ti mismo y desarrollar la musculatura de la confianza en tu persona.

No es fácil, pero las recompensas son importantes. Cultivarás la valentía y la determinación para enfrentarte a la diversidad de cara. Adoptarás una convicción arraigada en tus capacidades y tu potencial. Desarrollarás fortaleza interior y disfrutarás de un sentimiento de empoderamiento personal que fomentará que te marques objetivos desafiantes, con la confianza de que puedes alcanzarlos.

Una guía rápida para mejorar tu confianza en ti mismo

Tenemos buenas noticias: hay muchas actividades sencillas que puedes llevar a cabo cada día para desarrollar tu confianza. Piensa en ellas como en ejercicios similares a aquellos que realizas para potenciar y perfeccionar tus músculos físicos. En este caso estamos desarrollando tu musculatura de la *confianza.*

La clave consiste en llevar a cabo estas actividades de manera regular. No desarrollarás la confianza en ti mismo de un día para otro, pero si emprendes acciones diarias y te centras en realizar un progreso constante, te encontrarás con que crece más rápidamente de lo que podrías haber imaginado.

Empecemos.

Asume riesgos

Sal fuera de tu zona de confort por lo menos una vez al día. Esto puede que suene excesivamente simplista, pero pasar todo el día en el espacio seguro del territorio conocido es fácil. *Demasiado* fácil. Por lo tanto, comprométete a hacer algo que parezca complicado o abrumador.

Saluda a un desconocido si eres tímido. Prueba una receta nueva si rara vez cocinas. Ofrécete a enseñarle una habilidad a alguien si por lo general evitas los roles de liderazgo.

Sé decidido

Practica tomar decisiones en el momento. Empieza con algunas pequeñas en las que lo que esté en juego sea pequeño y las consecuencias sean insignificantes.

Escoge un restaurante para ti y tus amigos. Acepta o rechaza invitaciones a reuniones sin vacilar. Contesta a correos electrónicos y mensajes de texto con rapidez. Hacer esto te entrenará para que confíes en tus instintos.

Protege tu espacio

Crea unos límites personales y cíñete a ellos. No te marques múltiples límites a la vez. Crea uno cada vez.

Si no te gusta que la gente se deje caer por tu casa sin avisar, házselo saber. Si no te gusta que la gente invada tu espacio personal y que sea muy empalagosa, házselo saber. Si te desagrada que la gente te involucre en sus dramas innecesarios, házselo saber.

Ten tacto y sé diplomático, y estate preparado para reafirmarte cuando los demás se resistan.

Busca *feedback*

Pídele a alguien en quien confíes que evalúe algo que hayas hecho. Anima a esta persona a ser sincera pero amable. Expresa que estás buscando un *feedback* constructivo, de modo que puedas mejorar.

Cocina para un amigo y pídele su más sincera opinión. Comparte algo que hayas escrito con un familiar y pídele que lo analice. Dale un discurso promocional a tu jefe y pídele que te dé su opinión. Hacer esto te desensibilizará a las críticas.

Registra tus victorias en un diario

Anota tus éxitos. Experimentas pequeñas victorias a lo largo de cada día. Anótalas. Ninguna victoria es demasiado pequeña como para no incluirla.

Puede que hayas hecho una llamada telefónica que hubieras estado temiendo. Has solucionado un problema con tu ordenador. Has tomado una comida saludable en lugar de darte el capricho de consumir comida basura. Toma una nota rápida en tu «diario de logros».

Siempre que sientas que la falta de confianza en ti mismo entra a hurtadillas, abre tu diario y revisa todas tus victorias.

Puede que te sorprendas por lo inspiradora y generadora de confianza que es esta práctica.

Desarrolla tu red de apoyo

Rodéate de gente alentadora. Pasa tiempo con gente que te escuche y te anime: aquellos que muestren empatía cuando experimentes reveses pero que te inspiren para que avances. Aquellos que te ofrezcan consejos cuando los solicites y lo hagan sin juzgar. Aquellos que *crean en ti*.

Por el contrario, aléjate de la gente que te critique, avergüence, socave y manipule. Las recompensas por mantener esas relaciones son escasas, e incluso no existentes. Lo peor es que pueden tener un efecto devastador y duradero en tu confianza en ti mismo.

Si practicas estas actividades a diario, encontrarás cada vez más fácilmente creer en ti mismo. Llévalas a cabo durante un período prolongado a diario y tu confianza en ti mismo crecerá muchísimo. Recuerda que la confianza en ti mismo no es como un interruptor. No puedes simplemente encenderlo. Se forma poco a poco y se desarrolla a lo largo del tiempo.

Una vez que estos «músculos» se fortalecen, los logros que solían parecer inimaginables ya no lo parecerán.

EJERCICIO N.º 5

ÉSTE ES UN SENCILLO EJERCICIO QUE CONSISTE EN ESCRIBIR EN UN DIARIO. No sólo desarrollará tu confianza en ti mismo, sino que puede ser divertido. En este ejercicio responderás a tres preguntas.

PREGUNTA N.º 1: ¿Qué pequeñas victorias he experimentado hoy?

¿Has realizado una tarea difícil en tu trabajo? ¿Has pasado tiempo de calidad con tu familia? ¿Has llevado tu automóvil al taller para que le hagan la puesta a punto? ¿Has arreglado el grifo que gotea en casa?

¿Has llamado a ese cliente al que llevabas tiempo pensando en llamar? Ninguna victoria es demasiado pequeña. Anótalas todas.

PREGUNTA N.º 2: ¿Qué hábitos cotidianos he mantenido deliberadamente a lo largo de los últimos treinta días?

¿Has estado yendo al gimnasio de acuerdo con tu programa de entrenamiento planeado? ¿Has mantenido una rutina matutina constante? ¿Te has despertado más temprano cada mañana? ¿Has ordenado tu espacio de trabajo al final de cada jornada?

PREGUNTA N.º 3: ¿Qué hitos he alcanzado a lo largo de los últimos doce meses?

¿Has perdido cierta cantidad de peso? ¿Te han ascendido en tu trabajo? ¿Has aprendido habilidades básicas para conversar en un nuevo idioma? ¿Has leído un libro sobre desarrollo personal cada mes?

Este ejercicio de escribir en un diario destaca tu capacidad para alcanzar las metas que te marques. Te inspirará para que creas en ti mismo siempre que salgas de tu zona de confort.

Tiempo necesario: 30 minutos.

PASO 6: REDEFINE TU IDENTIDAD NARRATIVA

«No somos lo que nos ha sucedido, sino que somos aquello en lo que deseamos convertirnos».

—CARL JUNG

Tu cerebro ha creado una narrativa sobre ti mismo. Está informado por todo lo que has experimentado a lo largo de tu vida y por todo lo que imaginas que te sucederá. Incluye a la gente a la que has conocido, los problemas a los que te has enfrentado y las situaciones en las que te has encontrado. Incluye los procesos de desarrollo del personaje, las temáticas y las tramas.

Se llama identidad narrativa. Influye en gran medida en cómo te percibes a ti mismo, motivándote e inspirándote a pensar en grande o restando confianza y entusiasmo.

Tu cerebro ha desarrollado esta narrativa para ayudarte a encontrarle sentido a tu vida, para interpretar todo lo que te ha sucedido en tu vida en el contexto de lo que implica sobre tu futuro. ¿Hacia dónde conduce tu camino? ¿Estás destinado al éxito o al fracaso? ¿Conseguirás grandes cosas o estás destinado a vivir una vida mediocre?

Lo fundamental que apuntar sobre esta narrativa interior es que no es más que un relato. Es autobiográfica, pero de la misma forma en que una película está «basada en hechos reales». No es factual por completo, por lo que no es totalmente fiable; y aquí tenemos el aspecto más crucial que hay que tener en cuenta...

Puedes redefinir tu identidad narrativa.

Tu historia no está grabada en piedra. Tu potencial no se ha determinado. Sigue evolucionando a diario mientras experimentas nuevos eventos, conoces a personas nuevas, desarrollas nuevas habilidades, asumes nuevos riesgos y superas nuevos retos. Tu narrativa cambia a medida que tus convicciones sobre ti mismo cambian y crecen.

Se trata de una noticia excelente, porque te proporciona el control. Te pone al timón, donde puedes dar nueva forma a tu historia siempre que lo decidas.

Cómo remodelar tu identidad narrativa

Si quieres reescribir la historia que tu cerebro cuenta sobre ti, revisa las experiencias que conforman esa historia. Escudríñalas. Interrógalas. Tus emociones influyeron en tu interpretación de esos eventos mientras los experimentabas. Revisarlas te proporciona una oportunidad para verlas desde una nueva perspectiva. Te permite observarlas bajo la lente de la objetividad.

Ahora podrás determinar mejor si los temas que creó tu cerebro son legítimos. Podrás decir si los significados que tu cerebro ha asociado con ellos y las lecciones que has aprendido de ellos son realmente válidos. Si no lo son, puedes retarlos.

Así es como remodelas tu identidad narrativa. Así es como reescribes tu historia desde una embrollada en los sentimientos de fracaso e incapacidad hasta una alimentada por la acción personal y el empoderamiento. Así es como reemplazas una imagen de ti mismo derrotada y desmoralizada por la convicción de que cualquier cosa es posible.

Piensa en los momentos cruciales de tu vida que miras a través de una lente negativa. La encrucijada en la que tuviste que tomar unas decisiones relevantes y tomaste unas que llevaron a unos resultados no deseados. Los hitos que necesitabas alcanzar para avanzar y no conseguiste alcanzar. Los eventos transformadores que moldearon tu narrativa de una forma que te desanima, incluso en la actualidad, de perseguir tus sueños.

Estudia cada uno de estos momentos. Pregúntate si tu percepción de ellos está justificada o si es más razonable un punto de vista alternativo. ¿Son válidos los significados y las lecciones que aprendiste gracias a esos incidentes o hay otros conocimientos y enseñanzas que plantean una imagen de ti mismo más positiva?

Supón, por ejemplo, que hubieras aspirado a fundar un negocio hace años pero que abandonaras la idea. Imagina, además, que tu cerebro asociara el incidente a sentimientos de pereza, incompetencia o desesperanza. Estos sentimientos negativos moldearon tu narrativa. Conformaron el relato sobre quién crees ser.

Pero ¿son legítimos?

¿Es posible que pospusieras iniciar tu negocio porque estabas intentando avanzar en tu trayectoria profesional en ese momento? ¿Estabas empezando a formar una familia que necesitaba tu energía y tu atención? ¿Analizaste tu situación en esa época y decidiste esperar basándote en tus circunstancias y tu acceso a los recursos?

Estos puntos de vista alternativos generan una narrativa distinta. Enmarcan una historia con objetivos que destacan tu ambición por triunfar, la lealtad hacia tu familia y la capacidad de tomar decisiones racionales. Cuestionan la interpretación de tu cerebro sobre el evento y ayudan a reconstruir el relato de una forma más positiva, alentadora e inspiradora.

Cuando repasas experiencias pasadas, logras cambiar la forma en que las ves. Consigues cortocircuitar el monólogo interior, que es rápido a la hora de señalar, de forma injusta, nuestras faltas e incompetencias percibidas. Logras reemplazarlo por un monólogo que enfatiza tus habilidades, talentos y capacidad para el crecimiento y el potencial para el éxito.

Cambia la imagen que tienes de ti mismo cambiando tus reflexiones

Tu voz interior puede ser una compañera tóxica. Señala tus errores. Cuestiona tu competencia. Te socava una y otra vez. Si un amigo o un colega te trataran así de mal, cortarías la relación.

Lamentablemente no puedes separarte de este desagradable secuaz. Eso equivaldría a huir de tu sombra, pero puedes liberarte de su toxicidad y convertirlo en un aliado. Puedes reemplazar su crítica y su juicio con unas reflexiones positivas que remodelen la forma en la que te ves a ti mismo.

En primer lugar, sé consciente del momento en que hagas una afirmación negativa sobre ti mismo. No la ignores, incluso aunque resulte tan común que estés acostumbrado a ella. Detente un momento y reconócela. Tenla en cuenta en su justa medida. Si tu voz interior hace la misma afirmación repetidamente, anótala.

En segundo lugar, desafía la afirmación de inmediato. ¿Es racional? ¿Hay pruebas que la respalden? ¿O consiste en una reacción o una generalización excesiva? ¿Existe alguna razón para creer que la afirmación es legítima? Platón dijo, en una ocasión: «El que calla, otorga». No aceptes las afirmaciones de tu crítico interior en silencio.

En tercer lugar, elabora un contraargumento positivo por cada afirmación negativa. Si, por ejemplo, tu voz interior afirma: «No tienes nada por lo que estar orgulloso», responde señalando tus logros. Si tu voz interior comenta: «No eres digno de ser amado», contraargumenta señalando a la gente que te quiere y se preocupa por ti.

En cuarto lugar, céntrate en tus esfuerzos por modificar tus circunstancias. Las declaraciones de tu voz interior se presentan como una instantánea de tu situación actual. No obstante, recuerda que tu historia no está escrita por completo. Estás creciendo. Estás mejorando. Estás aprendiendo cosas nuevas. Estás avanzando y progresando. Por lo tanto, si tu voz interior dice: «Estás gordo», respóndele señalando que estás emprendiendo acciones para cambiar esa circunstancia.

Si tu voz interior afirma: «Eres inculto», contraargumenta señalando que planeas obtener un grado universitario.

Con el tiempo, la imagen que tienes de ti mismo se transformará. Te darás cuenta de tus capacidades y tu potencial en lugar de fijarte en tus fallos y defectos. Tu seguridad y tu confianza en ti mismo crecerán, y ya no te verás encadenado a la identidad de la falsa narrativa que tu cerebro y tu voz interior han creado.

Desarrollarás una *nueva* narrativa, una nueva historia llena de nuevas perspectivas y posibilidades emocionantes para tu futuro: una historia que crece contigo en lugar de verse entorpecida por una interpretación errónea de tus experiencias del pasado.

EJERCICIO N.º 6

EN ESTE EJERCICIO crearás una narrativa personal con visión de futuro. Incluirá tus ambiciones y valores, esperanzas y sueños, y los rasgos del carácter que aspiras a desarrollar mientras los persigues. Esta narrativa describirá a la persona en la que quieres convertirte y definirá tu yo ideal.

Ésta no es una obra de ficción, sino de *optimismo*.

En primer lugar, anota diez de tus valores fundamentales. Éstos son los principios que influyen en tu comportamiento, tus decisiones y tus acciones.

En segundo lugar, anota tus cinco ambiciones principales a largo plazo. Se trata de los grandes objetivos que deseas de todo corazón.

En tercer lugar, reflexiona y registra los atributos que te gustaría adoptar. Se trata de rasgos del carácter que se alinean con tus valores y ambiciones. Aquí tenemos algunos ejemplos:

- Valor.
- Creatividad.
- Persistencia.
- Compasión.
- Autodisciplina.
- Fortaleza mental.
- Concentración.
- Liderazgo.
- Asertividad.
- Firmeza.
- Paciencia.

El último paso es el más divertido. Usas tu imaginación para construir una imagen propia desarrollada sobre todo lo que has anotado. Obsérvate encarnando tus valores y principios y usándolos para orientar tus decisiones y acciones. Imagínate persiguiendo y alcanzando tus ambiciones. Visualízate desarrollando y mostrando los rasgos deseados de tu carácter.

Esta nueva imagen de ti mismo diferirá de la unida a tu identidad narrativa actual. Ése es el objetivo de este ejercicio: desprenderte de manera gradual de una narrativa injusta y sin base y desarrollar una nueva que surja a partir de la imaginación de las posibilidades, una narrativa que sea más positiva, optimista, con más confianza en ti mismo y compasiva.

Una narrativa que te inspire a pensar más en grande y a asumir que tus ambiciosas metas son factibles.

Tiempo necesario: 25 minutos.

PASO 7: DESARROLLA EL HÁBITO DE «EMPRENDER ACCIONES SIGNIFICATIVAS»

> «La inacción genera dudas y miedo. La acción genera confianza y valentía. Si quieres vencer al miedo, no te quedes sentado en casa y pienses en ello. Sal y espabila».
> —DALE CARNEGIE

Éste es el ingrediente secreto.

Aunque pensar en grande consiste, principalmente, en tener unos objetivos elevados, marcarte unas metas altas e imaginarte consiguiendo cosas espectaculares, nada sucede a no ser que pongas tus planes en acción. Nada acaece a no ser que emprendas acciones decididas y constantes. Esto es lo que diferencia un sueño del éxito. Convierte una aspiración en un resultado tangible.

Sin embargo, emprender acciones decididas y constantes consigue mucho más que esto. También te proporciona impulso. La acción engendra acción, con unos pequeños pasos adelante generando pasos mayores. También mitiga tus miedos y alivia tu baja autoestima. Tomar la iniciativa centra tu atención en el logro de metas en lugar de en preocuparte por lo desconocido. Asimismo conduce a unas lecciones y conocimientos valiosos que sólo pueden adquirirse después de que pongas las cosas en marcha. Estos conocimientos son las semillas de tu crecimiento y mejora continuos.

Emprender constantemente acciones impulsadas por un propósito es difícil para la mayoría de la gente. No surge de forma natural, y es más cómodo no hacer nada que enfrentarse a los riesgos que acompañan al ser proactivo.

Ésta es la razón para desarrollar un hábito de «emprender acciones». Es demasiado importante como para dejarlo en manos de la voluble naturaleza de la motivación. Al emprender unas acciones deliberadas y orientadas hacia los objetivos es más fácil avanzar y sentirse entusiasmado y optimista en lugar de abrumado y poco preparado.

Es más fácil pensar en grande si se tiene una *intención*.

Razones por las cuales evitas emprender acciones

Para generar este hábito, deberías ser consciente de los obstáculos que se interponen en tu camino. Esto incluye los patrones de pensamiento y las tendencias mentales que te han desanimado de emprender acciones decisivas en el pasado. Aquí tenemos las más comunes, algunas de las cuales ya hemos comentado (aunque en un contexto ligeramente distinto):

FRACASOS DEL PASADO: fundaste un negocio que se fue a la bancarrota. Iniciaste una relación que acabó en desamor. Tomaste la iniciativa en tu trabajo para acabar fastidiándola y perdiendo un ascenso. Estas experiencias hacen que dudes de ti mismo y te cuestiones si vale la pena ser proactivo.

MIEDO A SER INCOMPETENTE: te preocupa no estar a la altura de la tarea. Sientes ansiedad por no tener lo que hace falta. Este miedo te paraliza, atrapándote en un estado de inacción.

SÍNDROME DEL IMPOSTOR: atribuyes tus logros del pasado a la suerte y a otros factores externos. Sientes que no te mereces tu éxito y temes que los demás descubran que eres un fraude. Esta preocupación te desanima a la hora de avanzar.

LAS OPINIONES DE LOS DEMÁS: te preocupa lo que tu familia, tus amigos y tus colegas piensen de ti. Temes que desaprueben tus objetivos y decisiones. Ansías la validación por parte de los demás y vacilas a la hora de emprender acciones si no dispones de dicha validación.

FALTA DE FOCO: estás distraído. Tu mente divaga. Estás expuesto a tantas oportunidades que no estás seguro de a qué dedicar tu atención. Estás ansioso por hacer *algo*, pero no eres capaz de averiguar qué deberías hacer.

PERFECCIONISMO: quieres ser perfecto. Estás preocupado por si cometes errores o por si pasas por alto detalles que regresarán para perseguirte. Te sometes a una presión excesiva para ser perfecto. Esta expectativa hace que cada acción parezca amedrentadora, lo que provoca que procrastines.

Fɪᴊᴀᴄɪᴏ́ɴ ᴇɴ ʟᴀ ᴇʟᴇᴄᴄɪᴏ́ɴ ᴅᴇʟ ᴍᴏᴍᴇɴᴛᴏ ᴘᴇʀғᴇᴄᴛᴏ: esperas el momento perfecto para actuar. Cuentas con que las circunstancias se alineen exactamente de la forma adecuada antes de poner tus planes en marcha. Buscas las condiciones ideales para maximizar tus posibilidades de éxito y minimizar la probabilidad de fracasar, pero estas condiciones nunca aparecen y nunca das el primer paso.

¿Parecen, en tu caso, ciertas algunas de estas razones para no actuar? ¿Alguna de ellas te toca la fibra sensible? Si es así, no te preocupes. Te mostraré cómo desarrollar tu hábito de «emprender acciones decididas» y dinamitar estas tendencias en el proceso.

Cómo desarrollar tu hábito de emprender acciones

Lo más importante que puedes hacer desde el principio es establecer tus expectativas con respecto a los resultados de tus esfuerzos. El éxito no está asegurado en ninguna empresa, e incluso cuando se produce el éxito, el camino que conduce a él suele estar lleno de reveses y complicaciones. Debes preverlos. Haz planes en relación con ellos. La única forma de asegurarte de que tu camino estará libre de contratiempos consiste en esperar a las condiciones perfectas y la certeza de tu resultado. El problema es que, si esperas a estas cosas, nunca darás el primer paso.

Una vez que hayas asentado tus expectativas, comprométete a tomar la iniciativa. Decide emprender acciones *con intención*. Esto parece fácil, pero es un paso crucial que se puede pasar por alto. Si ignoras adquirir este compromiso al principio, serás vulnerable a la tentación de abandonar cuando las cosas no vayan como tú quieres.

Estas medidas preliminares te sitúan en el marco mental correcto para lo que viene a continuación. Ahora estamos listos para ocuparnos de algunas cosas prácticas y tangibles que puedes hacer a diario para desarrollar y reforzar tu hábito de la acción.

Piensa en tu objetivo final

Es fácil perder de vista tu resultado deseado. Es fácil olvidar *por qué* estás haciendo lo que estás haciendo. Esta táctica evitará que quedes enredado en los detalles y pierdas el rastro del panorama general.

Reflexiona sobre el resultado pretendido cada día. Lo ideal es que lo hagas varias veces al día. Tómate un momento para pensar en tu objetivo con una claridad absoluta. ¿Qué es *exactamente* lo que quieres conseguir? ¿Qué aspecto tiene el éxito para ti? ¿Cómo se siente? ¿Cómo cambiará tu vida? Cuanto más pienses en estas cosas de una forma cristalina, más tangible parecerá tu objetivo final.

Crea una hoja de ruta detallada

Para emprender acciones decididas, debes saber exactamente qué hacer. Necesitas una hoja de ruta que te muestre un camino claro hacia el éxito. Esta hoja o mapa debería incluir cada paso que debas tomar para conseguir lo que te estás proponiendo hacer.

Teniendo presente tu objetivo final, elabora una lista de acciones que debas emprender para llegar hasta ahí. Ninguna acción es demasiado pequeña. De hecho, cuanto más pequeña, mejor. Las tareas pequeñas son factibles de inmediato, al contrario que las tareas grandes, y eso es perfecto para desarrollar un hábito para pasar a la acción.

Supongamos que quieres iniciar un negocio. Deberás investigar y validar el producto o el servicio que imaginas que vas a proporcionar. Tendrás que evaluar a la competencia y determinar la demanda por parte del mercado. Deberás crear planes relacionados con el marketing, la promoción de la marca (*branding*), las operaciones y las finanzas. Deberás tener en cuenta los aspectos legales, incluyendo cómo estructurar tu negocio y conseguir los permisos. Tendrás que pensar en contratar a gente, contactar con proveedores potenciales y proporcionar una atención al cliente.

Hay muchos pasos implicados, y pueden ser amedrentadores hasta el punto de hacer que seas incapaz de actuar.

Desglosa estos grandes asuntos en pequeñas tareas que puedas llevar a cabo en unos minutos. Aquí tenemos, por ejemplo, una pequeña lista de acciones decididas que realizar en el proceso de estudiar y validar tu idea de negocio:

- Busca en Internet negocios que ofrezcan un producto o un servicio similar al que tú quieres ofrecer. Márcalos como favoritos para revisarlos más adelante.
- Haz una búsqueda de palabras clave para determinar lo difícil que será conseguir una buena clasificación en Google.
- Pregunta a amigos, familiares y colegas si estarían interesados en el producto o el servicio que quieres ofrecer.

- Visita páginas en Internet orientadas a las reseñas (por ejemplo, Yelp, Amazon, etc.) para identificar quejas comunes y puntos problemáticos.
- Diseña unas encuestas sencillas en las redes sociales para medir el interés.
- Crea unas alertas de Google para mantenerte al día con respecto a las tendencias relacionadas con tu idea.
- Suscríbete a boletines informativos o a revistas relacionadas con tu idea.

Hay docenas de tareas implicadas en esta etapa de iniciar un negocio. Cuando desglosas tu objetivo de esta forma, te proporcionas una extensa lista de pequeñas cosas que puedes hacer en unos minutos. Cuanto más pequeñas sean las tareas y más rápidamente puedas completarlas, más motivado te verás a llevarlas a cabo.

Realiza una tarea cada día

Tienes tu hoja de ruta a mano. Has desglosado tu objetivo final en forma de una larga lista de pequeñas acciones que deberás emprender para progresar. Sabes todo lo que tiene que llevarse a cabo para conseguir lo que estás intentando hacer.

Comprométete a realizar una tarea de tu lista cada día. Anótala en tu calendario y asígnale un pequeño período de tiempo (por ejemplo, diez minutos). Las mañanas van bien porque es entonces cuando tu fuerza de voluntad suele encontrarse en unos niveles máximos. Independientemente de cuándo quieras programarla, cada tarea debería llevar poco tiempo, por lo que no debería afectar a tu jornada. Si la tarea parece que va a implicar más de algunos minutos, desglósala todavía más.

Supón, por ejemplo, que es probable que entrevistar a tus amigos, familiares y colegas, y valorar su interés por tu producto o servicio lleve una hora. Desglosa esta tarea mencionando a cada persona que quieras entrevistar. Cada entrevista debería llevar sólo algunos minutos.

De repente ya no estás simplemente soñando con tu objetivo. Estás dando pequeños pasos para lograrlo. Aunque puede que las tareas que estás completando parezcan muy alejadas de tu meta, emprendes acciones cada día. Acción decidida. Acción intencionada. Y lo estás haciendo como parte de su rutina cotidiana.

Así es como desarrollas y refuerzas este hábito. Así es como te aseguras de que permanece.

A medida que tu hábito de emprender acciones se desarrolle, sentirás ganas de llevar a cabo más de una tarea a diario. Sigue este impulso. Haz dos cada día. Luego avanza para realizar tres a diario. Dispones de tu hoja de ruta. Tú marcas el ritmo. Lo que más importa es que estás desarrollando uno de los hábitos más importantes que puedes desarrollar en el contexto de pensar en grande.

EJERCICIO N.º 7

Escoge un objetivo pequeño. Luego desglósalo en forma de una lista de pequeñas acciones que puedes llevar a cabo a diario para lograrlo.

Supón, por ejemplo, que quisieras iniciar una rutina de entrenamiento. Podrías desglosarla de la siguiente forma:

- Define el tipo de entrenamiento (por ejemplo, aeróbico, de flexibilidad, de fuerza, para ganar musculatura).
- Revisa tus opciones (por ejemplo, yoga, natación, *jogging*, entrenamiento a intervalos de alta intensidad).
- Determina cuándo entrenarás (entre las 06:00 y las 07:00 h; entre las 18:00 y las 19:00 h, etc.).
- Decide dónde entrenarás (gimnasio, garaje, parque cercano, etc.).
- Busca ejercicios concretos y cómo practicarlos correctamente.
- Elige un sistema de seguimiento que registre las mediciones de cada ejercicio (repeticiones, pesos, etc.).
- Únete a un amigo para que sea tu «compañero de entrenamiento».

Sé consciente de que cada una de estas tareas puede completarse rápidamente. Algunas hasta pueden desglosarse más. Puedes, por ejemplo, investigar sobre un ejercicio a diario y no acerca de varios. Puedes incluso decidir hacerlo a lo largo de varios días, visionando vídeos instructivos que muestren un ejercicio concreto: un vídeo diario.

La idea es que consigas una forma fácil de emprender acciones constantes hacia tu objetivo. Cuanto más pequeñas sean las acciones, más probable será que las emprendas a diario.

Tiempo necesario: 20 minutos.

PASO 8: DESARROLLA TU EQUIPO DE APOYO

«Rodéate sólo de personas que vayan
a llevarte más alto».
—OPRAH WINFREY

Entrenar tu mente para pensar en grande no debería consistir en un viaje desolado y solitario. El simple hecho de que tengas unas ambiciones osadas no significa que tengas que recorrer esta senda solo. Por el contrario, tu viaje debería incluir a otras personas.

Querrás compartir tu visión con gente que te anime a aspirar a alcanzar unos logros extraordinarios. Desearás contarle tus sueños a aquellos que potenciarán tu moral cuando te encuentres con reveses y que celebren contigo que alcances hitos importantes.

Estas personas constituyen tu equipo de apoyo. Se congregarán a tu alrededor y te levantarán el ánimo cuando te sientas emocionalmente vacío. Te animarán e inspirarán para que avances cuando alcances umbrales importantes. Respaldarán tu entusiasmo a largo plazo cuando los asuntos urgentes del momento presente amenacen con distraerte.

Es fácil subestimar el valor de rodearte de gente alentadora. Puede que incluso sientas que apoyarte en otros es un signo de debilidad, que implica que, de algún modo, eres incapaz, que no estás a la altura. Sin embargo, nada podría estar más alejado de la verdad. Apoyarse en los demás para recibir ánimos, conocimientos, inspiración y su experiencia es una señal de madurez personal y profesional.

En pocas palabras, tu red de apoyo será más que fundamental para tu éxito, pero necesitarás reclutar a la gente adecuada para ese trabajo.

¿Quién debería formar parte de tu equipo de apoyo?

Por lo general, cualquiera que quiera verte triunfar debería disponer de un lugar a tu lado. Esto incluye a tu cónyuge, a tus hijos y a otros miembros alentadores de tu familia. También puede incluir a tus amigos, colegas y vecinos. Puede incluso incluir a gente que hayas conocido en tus redes sociales favoritas. Estarán encantados de escuchar tus victorias y serán rápidos a la hora de animarte cuando tengas dificultades.

Sin embargo, es necesario cubrir ciertos puestos concretos en tu equipo de apoyo. Probablemente deberás mirar más allá de estos grupos para encontrar a la gente adecuada para que los cubra. Aquí tenemos los cuatro puestos más importantes que cubrir junto con sus respectivas responsabilidades:

1. **COMPAÑERO DE RESPONSABILIDADES:** esta persona debe contactar periódicamente para asegurarse de que sigues por el buen camino. Te pedirá que describas tu progreso. Te animará a que alcances tus hitos. Te recordará los objetivos a los que te has comprometido y te proporcionará coraje para que emprendas las acciones necesarias para alcanzarlos. Tu compañero de responsabilidades escuchará tus preocupaciones, pero lo hará para impulsarte hacia delante.

2. **MENTOR:** esta persona proporcionará consejos y conocimientos obtenidos gracias a la experiencia, incluyendo los errores que ha cometido. Habrá conseguido lo que tú quieres alcanzar y podrá ayudarte a crear una hoja de ruta que te conducirá a unos resultados similares. Proporcionará un *feedback* constructivo basado en sus conocimientos y te ayudará a evitar los peligros con los que se ha encontrado. Debes confiar en esta persona y respetarla, ya que te servirá como modelo a seguir.

3. *COACH*: esta persona te ayudará a conservar el optimismo y el entusiasmo relacionados con alcanzar tus hitos y lograr tus objetivos. Te empujará a ser más productivo y a gestionar tu tiempo de forma más eficaz, de modo que puedas lograr completar más cosas. Te inspirará para que seas mentalmente resiliente cuando las cosas vayan mal, y lo celebrará contigo cuando las cosas vayan bien. Tu *coach* te animará a que mantengas una mentalidad de crecimiento cuando te enfrentes a reveses, desarrollando así tu confianza a medida que resuelvas problemas. Un buen *coach* también te apremiará a equilibrar tus ambiciones y tu calidad de vida actual, de modo que no sacrifiques la segunda mientras persigues las primeras.

4. **PERSONAS CON UNAS AMBICIONES SIMILARES:** estas personas aspiran a alcanzar lo que quieres conseguir. Son
conscientes de tus retos y frustraciones porque ellos se
enfrentan a ellos. Son conscientes de las emociones que
experimentas porque ellos también las experimentan.
Saben que los éxitos y los fracasos forman parte de tu
viaje porque también están pasando por ellos. Este grupo celebrará tus triunfos contigo, se compadecerá de ti y
te inspirará para que sigas avanzando a través de una experiencia compartida.

Algunas de las personas de tu equipo de apoyo puede
que tengan distintos papeles. Puede que, por ejemplo, tu
compañero de responsabilidades disponga de los conocimientos, la experiencia y la perspicacia necesarios para servirte a modo de mentor. Esto puede ser beneficioso porque
puede inspirar una sensación más profunda de confianza y
responsabilidad.

Además, muchas personas pueden desempeñar uno o
más roles. Puede que, por ejemplo, tu mentor y tu *coach*
compartan tus valores y convicciones y que tengan unas
ambiciones similares. Esto también puede ser de utilidad,
ya que promueve la camaradería y la colaboración.

Estos cuatro roles, reforzados por unos cimientos forma-
dos por una familia, amigos, colegas y otras personas alentadoras son esenciales para pensar en grande y alcanzar unas
metas ambiciosas. Teniendo esto presente, ¿cómo construi-
rás tu equipo?

Cómo construir tu equipo de apoyo

En primer lugar, piensa cuidadosamente en los tipos de apoyo que necesitarás para hacer realidad tus sueños. Puede que precises apoyo económico, como, por ejemplo, en forma de préstamos, inversiones u otro tipo de financiación. Es posible que necesites respaldo emocional, como, por ejemplo, disponer de personas con las que hablar cuando experimentes reveses y otras frustraciones. Probablemente necesitarás consejos, en especial al resolver problemas desafiantes y tomar decisiones importantes. Precisarás un *feedback* constructivo para ayudarte a optimizar tu enfoque y hacer ajustes. Necesitarás que alguien te ayude a seguir por el buen camino.

Si conoces a alguien que haya conseguido lo que tú aspiras a obtener, puede ayudarte a proponer ideas a tu equipo de apoyo. Invítalo a comer y pídele sugerencias basadas en su experiencia.

Una vez que hayas identificado los tipos de apoyo que necesitarás, empieza a formar tu equipo. Comienza con tus amigos y seres queridos. Comparte tus grandes objetivos con ellos. Explícales que te gustaría apoyarte en ellos de vez en cuando en busca de respaldo emocional. No todos estarán dispuestos a ayudarte de esta forma, y no pasa nada. Es mejor saber esto de antemano que apoyarte en ellos más adelante y encontrarte con que no están disponibles.

Piensa en tus otras relaciones. Puede que ya conozcas a gente que pueda desempeñar uno o más de los roles que hemos comentado.

Supón, por ejemplo, que te gustaría fundar un bufete de abogados con varios socios. ¿Conoces a otros abogados que hayan hecho esto con éxito? ¿Conoces a personas que dirijan compañías exitosas en otros campos? Pueden proporcionarte conocimientos singulares para la fundación y gestión de esta estructura de negocio.

Es probable que conozcas a alguien que esté de acuerdo en hacerte responsable o en que des cuentas de tus actos. Esta persona puede ser un amigo íntimo, un antiguo socio o incluso alguien a quien nunca hayas conocido en persona y a la que sólo conozcas a través de las redes sociales.

Quizás tengas colegas que hayan tenido éxito en su campo y que ahora estén jubilados. Incluso aunque sus campos de especialización no estén relacionados con tus ambiciones, estas personas pueden desempeñar el papel de *coach*. Saben lo que hace falta para triunfar y están familiarizados con los retos relacionados.

Una vez que hayas recurrido a todas tus relaciones personales cercanas, busca más allá de ellas. Puedes, por ejemplo, conocer a personas de mentalidad similar a la tuya asistiendo a conferencias y seminarios relacionados con tus metas. Puedes unirte a organizaciones profesionales. Puedes conocer a personas con intereses y ambiciones similares en Facebook y LinkedIn. Puedes recurrir a exalumnos de tu escuela, en especial si sus áreas de estudio encajan con las tuyas. Habla con tus colegas y compañeros de trabajo: puede que descubras que sus aspiraciones están en sintonía con las tuyas. Pídele a la gente que conozcas que te presente a personas que conozcan.

Todas las anteriores son oportunidades para identificar y reclutar a personas que pueden convertirse en parte integral de tu equipo de apoyo. Algunos de estos métodos pueden parecer incómodos, especialmente si implican conocer a nuevas personas. No obstante, esa incomodidad se desvanecerá una vez que asientes confianza y una relación con ellos.

Cómo manejar a la gente desalentadora

Un riesgo de compartir tus ambiciones con otros es que algunas personas serán desalentadoras. Su falta de respaldo puede ponerse de manifiesto de varias formas. Algunos no comprenderán por qué quieres conseguir aquello por lo que te estás esforzando. Otros mostrarán desinterés o indiferencia. Algunos serán cínicos o pesimistas. Otros puede que te socaven activamente. Algunos puede que sean hirientes.

Sus razones variarán, de la frialdad a los celos. Lo que importa es que interactúes con ellos de una forma que te permita seguir pensando en grande sin poner en peligro tu optimismo y tu confianza en ti mismo. Aquí tenemos tres tácticas que serán de ayuda.

Táctica n.º 1: acepta su falta de apoyo

Cuando tus amigos y seres queridos expresen confusión o apatía, resulta tentador querer persuadirlos para que te respalden. Estás emocionado por tus planes y empeños, y quieres que ellos también lo estén, pero esto suele suponer un gasto de tiempo y energía.

Acepta que los demás puede que no lo entiendan. Acepta que quizás no estén interesados en lo que quieres conseguir. Acepta que no te respalden de la forma en que desearías que lo hicieran. Una vez que aceptes esta realidad, podrás concentrar tu tiempo y tu energía donde vaya a hacer mucho más bien.

Táctica n.º 2: establece unos límites de comunicación

Una vez que hayas identificado a las personas desalentadoras en tu vida, evita comentar tus planes o metas con ellas. Si preguntan, desvía la atención y cambia de tema. Si insisten, explícales que preferirías no hablar sobre tus aspiraciones porque te han mostrado que no las respaldan.

Puede que les pilles desprevenidos. Quizás se sientan ofendidos. No pasa nada. Sólo eres responsable de comunicarte con elegancia, respeto y tacto. No eres responsable de cómo reciban tu mensaje y cómo reaccionen frente a él.

Táctica n.º 3: céntrate en tu tribu

Has creado tu equipo de apoyo, el pequeño grupo de personas que desempeñan unos papeles concretos. Además, ya conocerás (o conocerás por primera vez) a personas que no forman parte de este equipo pero que son similares a ti en cierto sentido. Son compañeros de pensar en grande. Tienen unas metas que puede que difieran completamente de las tuyas, pero poseen el mismo entusiasmo y pasión. Comparten tu emoción y fervor. Ésta es tu tribu. Es tu comunidad.

Compartirás ideas con ellos. Os animaréis los unos a los otros. Te encontrarás con que su energía es contagiosa. Cuanto más tiempo pases con tu comunidad de personas que piensan en grande, menos molesto te sentirás por la gente desalentadora.

Hablaremos más sobre esto en la próxima sección.

EJERCICIO N.º 8

ÉSTE ES UN EJERCICIO DE LLUVIA DE IDEAS. Su objetivo es animarte para que tengas en cuenta tus recursos. Identificarás a candidatos cualificados para desempeñar cada uno de los cuatro roles descritos antes.

Si lo prefieres, puedes hacer esto a la vieja usanza, con un bolígrafo y papel. Yo recomiendo trabajar digitalmente. De ese modo, podrás tomar notas con facilidad y desplazar los nombres como consideres adecuado.

Crea los siguientes cuatro encabezamientos para las columnas:

1. Compañero de responsabilidades o de rendición de cuentas.
2. Mentor.
3. *Coach*.
4. Personas con unas ambiciones similares.

Bajo cada encabezamiento, anota los nombres de la gente que sepas que podría estar cualificada para ocupar ese puesto concreto. Empieza con tus amigos y familiares, y luego expande tu lista de posibilidades teniendo en cuenta a colegas, compañeros de trabajo y conocidos. A continuación, piensa en jefes, profesores, colaboradores y socios del pasado.

Una vez que hayas analizado a la gente a la que conoces personalmente, piensa en la gente a la que conoces *online*.

Esto incluye a aquellos con los que hayas contactado en las redes sociales, foros y otras comunidades de Internet.

A continuación, ten en cuenta a la gente a la que no conozcas, pero con la que podrías contactar con facilidad. Esto podría incluir a líderes empresariales locales, colegas de asociaciones / colegios profesionales y amigos de amigos. Recuerda que estás a una presentación de encontrar al candidato perfecto para tu equipo de apoyo.

El último paso consiste en dirigirte a la gente que aparece en tu lista y exponerle que forme parte de tu equipo. No le des vueltas al tema. Sé claro, conciso y sincero. Te harás rápidamente una idea de quién está dispuesto a ayudar.

Un apunte rápido: evita asumir que los demás no quieren formar parte de tu equipo de apoyo. A no ser que estés seguro de que alguien no quiere participar, considéralo un candidato (si está cualificado). Ser un compañero de responsabilidades, *coach* o mentor puede ser una experiencia enormemente gratificante. Mucha gente aprovecharía la oportunidad de ayudar si supiera que otras personas están buscando ese apoyo. Por lo tanto, exponles la oportunidad y permite que respondan a ella.

Tiempo necesario: 20 minutos.

PASO 9: PASA TIEMPO CON GRANDES PENSADORES CONSUMADOS

«La forma más rápida de cambiar consiste en pasar tiempo con gente que ya sea como quieres ser».

—REID HOFFMAN

E l orador motivacional Jim Rohn, en una ocasión, pronunció las siguientes palabras: «Eres la media de las cinco personas con las que pasas más tiempo». Aunque esta frase simplifica en exceso la influencia que tienen otros sobre tus decisiones y acciones, alberga una pizca de verdad. La gente más cercana tiene una influencia sobre nosotros. Afecta a nuestras actitudes y comportamientos. Celebramos nuestra singularidad, pero también somos un reflejo de aquellos con los que sentimos una afinidad a través de experiencias, convicciones y aspiraciones compartidas.

Esta influencia puede ponerse de manifiesto de muchas formas, tanto negativas como positivas. Puede alimentar comportamientos como el efecto mirón, que afirma que la gente muestra una menor inclinación a ayudar a alguien con una necesidad inmediata cuando hay otras personas cerca. También puede adoptar la forma de la presión social, dando pie a multitud de malas decisiones y de comportamientos de autosabotaje.

Esta influencia también puede servir como catalizador para el crecimiento y el logro personal. Cuando pasas mucho tiempo con gente que ha logrado cosas destacables, empiezas a adoptar su mentalidad y su perspectiva. Su entusiasmo se vuelve contagioso. Su confianza se vuelve inspiradora. Su optimismo se torna irresistible.

Mi amigo Dale es un ejemplo perfecto. Encarna el entusiasmo, la confianza en uno mismo y el optimismo. También adopta la intencionalidad (la positividad no te hará conseguirlo todo). Es alguien que piensa en grande y emprende acciones de forma agresiva. Le he visto fundar múltiples negocios partiendo de cero: uno de ellos es una empresa con una facturación importante. Su progreso y su éxito suelen parecer materializarse a través de la pura fuerza de su voluntad.

La influencia de Dale sobre mi mentalidad y actitud me ha cambiado la vida.[5] Pasar tiempo con él me ayudó a librarme de mi cinismo, pesimismo y timidez, y a reemplazarlos

---

5. En mis momentos menos humildes, me divierto pensando que he tenido un efecto similar en él. Dale es miembro de mi equipo de apoyo, y yo lo soy del suyo. Esta relación simbiótica es un testimonio del valor y la importancia de tener gente alentadora a tu lado.

por esperanza, idealismo y audacia por lo que puedo conseguir. Su pensar en grande alimenta el mío.

Pero esto consiste en algo más que en fomentar una mentalidad positiva y una actitud de «puedo hacerlo». Cosecharás muchos otros beneficios prácticos y útiles cuando pases tiempo con personas que piensan en grande y que tienen un gran éxito.

Por qué deberías rodearte de gente que piensa en grande y es exitosa

En el capítulo anterior hablamos del papel de un mentor en tu equipo de apoyo. Estas personas han triunfado en su campo y pueden ofrecer unos conocimientos y sabiduría cruciales obtenidos a partir de su duramente ganada experiencia, pero no tienen por qué ser miembros formales del equipo para que coseches los beneficios de tu interacción con ellos.

Cuando te relacionas con gente exitosa, ves las cosas desde una perspectiva más amplia. Interpretas los retos de forma distinta. Abordas los problemas de una manera más creativa. Reconoces las oportunidades que antaño pasaban desapercibidas.

Las personas exitosas también tienden a tomar decisiones de una manera asertiva. Rara vez procrastinan. No vacilan. Analizan las situaciones, tienen en cuenta sus recursos y emprenden acciones decididas. Estar cerca de gente así te animará a adoptar unos comportamientos similares.

Las personas que piensan en grande y son exitosas también pueden ayudarte a refinar tus expectativas. Pueden detallar sus éxitos y explicar su impacto, que pueden ser distintos de lo que imaginas. Pueden compartir sus fracasos y describir cómo esos eventos afectaron a su perspectiva y provocaron que modificaran su enfoque. Escuchar sus historias puede cambiar la forma en la que percibes el éxito y el fracaso. Esto puede modelar tu interpretación de ambos mientras avanzas hacia la consecución de tus ambiciones.

Las personas de éxito conocen a gente que puede ayudarte. Pueden presentarte a una red más amplia de gente que puede ofrecerte consejos, conocimientos y multitud de recursos. Esta presentación puede tener un efecto dominó, ya que esta red más amplia nos lleva a establecer conexiones con otras personas.

Las personas que piensan en grande y son exitosas también pueden ayudarte a mejorar tus habilidades sociales. Su éxito suele proceder (por lo menos en parte) de sus relaciones. Saben cómo interactuar con los demás, cómo inspirar, cómo dirigir, cómo comunicar. Saben cómo desarrollar confianza y resolver conflictos; cómo hacer buenas preguntas y escuchar con atención las respuestas; cómo colaborar y motivar. Cuando pasas tiempo con estas personas, aprendes estas habilidades. No hay mejor forma de aprenderlas que observando cómo se llevan a cabo.

En resumen, relacionarse con personas de éxito mejorará tu mentalidad y tu actitud. Además, por lo general son muy alentadoras con respecto a tus objetivos y ambiciones; pero, tal y como hemos comentado, puedes ganar mucho más buscando y fomentando estas relaciones. La pregunta es cómo abordar a estas personas.

Cómo abordar a la gente que piensa en grande y es exitosa

Acercarte a gente que ha logrado grandes cosas es intimidante. Puede parecer que estás invadiendo su espacio. Puede que incluso compares tus logros con los suyos y que sientas que no estás a la altura. No te desanimes.

Lo más importante que hay que recordar es que estas preocupaciones reflejan cómo te sientes contigo mismo. Reflejan la imagen que tienes de ti mismo. No reflejan la forma en la que las personas a las que quieres acercarte piensan de ti. No saben nada de ti, por lo que todavía no se han hecho una imagen firme.

De hecho, puede que te encuentres con personas desagradables e incluso detestables, pero la mayoría serán accesibles, amistosas y tendrán ganas de conocer tus ambiciones.

Conocí a Dale en una cafetería. Le había visto ahí varios fines de semana y sentí curiosidad por él. Siempre llevaba su ordenador portátil consigo y desprendía una onda emprendedora (más adelante supe que estaba dirigiendo un negocio exitoso mientras conservaba su trabajo en una empresa).

Por lo tanto, un día lo abordé. Dejé a un lado mis inhibiciones, me armé de valor y me presenté. Acabamos disfrutando de una conversación larga e interesante durante la cual nos fuimos conociendo. Empezamos a reunirnos cada fin de semana. Abandonó su trabajo en su empresa y comenzamos a reunirnos con regularidad cada semana.

Eso fue hace muchos años. Aunque la cafetería ya no existe, mi relación con Dale ha seguido estrechándose. Se ha convertido en uno de mis principales confidentes, en una persona a la que acudo regularmente en busca de consejo e inspiración cuando me encuentro con dificultades.

He aquí lo que quiero decir: si te sientes intimidado por alguien a quien quieres abordar, recuerda que (todavía) no te conoce. Tus sentimientos no conforman la impresión que se forma de ti. Además, las personas que piensan en grande y son exitosas sienten curiosidad por otras personas. Querrán conocerte. Querrán saber más de ti y escuchar tus objetivos y planes. Después de desarrollar confianza con ellos, puede que se conviertan en una parte inestimable de tu círculo.

Teniendo eso presente, aquí se mencionan algunos consejos que puedes usar para abordar y conectar con los grandes triunfadores de forma exitosa.

Simplifica tu objetivo

Tu meta es conocer a esas personas. No te preocupes por lo que suceda después. No te preocupes por conseguir consejos, *feedback* y conocimientos por parte de esas personas. Olvídate de entrevistarlas, de establecer una red de contactos y de colaborar con ellas. Deja a un lado los pensamientos sobre lo que pueden hacer por ti. En su lugar, céntrate en presentarte.

Simplificar tu objetivo hace que sea más fácil pasar a la acción. Cuando tengas esta única meta en mente, serás menos vulnerable a la reflexión negativa. Puede que sigas experimentando ansiedad, pero será más fácil controlarla.

Estudia a tu «objetivo»

Aprende algo de ellos. ¿Qué hacen para ganarse la vida? ¿Qué tipo de éxito han conseguido? ¿A qué tipo de retos se han enfrentado y superado? ¿Cuáles son sus valores? ¿Qué cosas defienden?

En la actualidad, puedes aprender mucho de la gente exitosa por Internet. Puedes ver su trayectoria profesional en LinkedIn, incluyendo las compañías para las que han trabajado (o que han dirigido) y los puestos que han ocupado. Puedes leer artículos que hayan escrito en sus blogs, en LinkedIn y en Medium. Puedes ver vídeos que hayan publicado en YouTube. Puedes hacerte una idea de su personalidad y sus valores siguiéndolos en Twitter (ahora X) y suscribiéndote a sus boletines informativos.

Un simple pedacito de información puede ser el catalizador perfecto para saludar a una persona exitosa que piense en grande.

Planifica tu acercamiento

No improvises. No te fíes de tu capacidad de pensar rápido. Determina con antelación qué te gustaría decir; de otro modo, podrías encontrarte en una posición incómoda (por ejemplo: «Hola, me llamo Damon. Esto… me gusta tu corbata»).

Describe, a grandes rasgos, tus temas de discusión, manteniendo las cosas simples y sencillas. Aquí tenemos un plan básico:

- Preséntate.
- Menciona brevemente en qué estás trabajando.
- Elógialo con respecto a algo que haya hecho que esté relacionado con tus metas (aunque sea tangencialmente).
- Expresa tu admiración.
- Pide permiso para contactar con esta persona en el futuro.

Te pondré un ejemplo que usé mientras escribía mi primer libro. En esa época, me sentía cómodo escribiendo, pero sabía poco sobre cómo publicar y comercializar libros. Por lo tanto, investigué un poco. Identifiqué a un autor prolífico cuyos libros alcanzaban, regularmente, las listas de superventas. Aquí tienes el correo electrónico que le envié (he cambiado su nombre en aras de la privacidad):

Hola, Chris:

Me llamo Damon. Soy un autor en ciernes que está escribiendo su primer libro. Pretendo escribir varios más.

He leído y disfrutado muchos de tus libros. Me he dado cuenta de que siempre alcanzan las listas de superventas. Como alguien que está empezando, encuentro ese hecho extraordinario.

¿Estarías dispuesto a que me·ponga en contacto contigo para obtener uno o dos consejos sobre cómo hacer un lanzamiento cuando esté listo para publicar?

Con mis mejores deseos,

DAMON

Te habrás dado cuenta de que mi correo electrónico se ciñe bastante al plan básico que he bosquejado antes. Es sencillo y conciso. Pero… ¿funcionó?

«Chris» me respondió al cabo de unas horas (¡menuda sorpresa!) y me invitó a ponerme en contacto con él en el futuro. Fue increíblemente amable y cordial, lo que me permitió enterrar al instante mis miedos a contactar con él. Desde entonces hemos hablado muchas veces, y me ha proporcionado sabios consejos relativos a varios aspectos sobre escribir y publicar libros.

En resumidas cuentas, no te sientas intimidado por la idea de abordar a magníficas personas que piensan en grande. No son más que personas como tú y como yo. Tienen unos miedos y dudas similares a los nuestros. Se enfrentan a retos y contratiempos parecidos. Se sienten orgullosos y satisfechos cuando alguien reconoce sus logros. Lo más importante, como sucede con la mayoría de las personas, es que disfrutan conectando con otros y, especialmente, con aquellos con los que comparten algo en común.

Debes abordarles para pasar tiempo con ellos. Las buenas noticias son que, al igual que con cualquier cosa nueva que practiques, cuanto más lo hagas, más fácil se volverá. Hazlo una y otra vez y al final te rodearás de personas muy exitosas que sueñan en grande y apuntan alto instintivamente, y puede que tan sólo te sorprendas por lo inspiradoras y estimulantes que pueden ser estas relaciones.

EJERCICIO N.º 9

Este ejercicio consta de tres partes. En primer lugar, escoge a alguien exitoso que conozcas que piense en grande. Aprende más cosas sobre él o ella *online*. Busca información sobre esta persona en las páginas web mencionadas antes (LinkedIn, Medium, Twitter, etc.). Luego haz una sencilla búsqueda en Google tecleando su nombre.

En segundo lugar, redacta un correo electrónico que siga el plan básico que he descrito antes. Emplea algo que hayas descubierto sobre esa persona a la que quieres abordar (lo ideal sería que se tratara de un logro) a modo de fuerza impulsora.

En tercer lugar, envía el correo electrónico.

Lo peor que puede suceder es que no te responda, y puede que incluso *eso* no implique nada. Quizás no haya visto tu correo.[6] Puede que esté hasta arriba de trabajo. Quizás esté de vacaciones. Si no recibes respuesta de esta persona, siempre puedes seguir intentándolo más adelante.

El principal objetivo de este ejercicio es el de mejorar tu acercamiento. Es el primer paso hacia el desarrollo de una red sólida de personas exitosas que piensan en grande que te animarán para que creas en ti mismo y sigas avanzando.

Tiempo necesario: 30 minutos.

---

6. Puedo decirte, por propia experiencia, que esto puede suceder fácilmente. Me ha pasado muchas veces a lo largo de los años.

PASO 10: DA UN BUEN USO AL FRACASO

«Siempre he aprendido más de mis fracasos y, por lo tanto, nunca he tenido miedo al fracaso».
—Arnold Schwarzenegger

El fracaso es un excelente maestro. Si estás abierto a sus lecciones, eso te hará más resiliente, consciente, creativo y decidido. Revelará lo que funciona y lo que no. Te animará a reflexionar sobre tus resultados y a examinar las decisiones y las acciones que los provocaron. Te inspirará a experimentar y comprobar nuevas tácticas y estrategias. El fracaso es un *feedback* que puede ayudarte a mejorar cada área de tu vida.

Sin embargo, para sacar provecho de estos beneficios, debes poner en práctica el fracaso. Debes hacer algo con respecto a él. Cuanto más rápidamente lo hagas, mejor. De otro modo, las lecciones, los conocimientos y los estímulos para la reflexión se deterioran. Las oportunidades para el crecimiento y el desarrollo personal se desvanecen. Se debilitan a medida que transcurre el tiempo.

Uno de los principales temas de este libro es que pensar en grande con intención implica más que el mero hecho de pensar. Requiere *ponerse manos a la obra*. Requiere tomar decisiones y pasar a la acción con decisión. Tal y como se ha mencionado, eso es lo que diferencia pensar en grande de soñar.

A continuación, mostraré cómo aprovechar la sabiduría y los conocimientos que obtienes cuando te quedas corto. Enseñaré cómo echar mano de ambos para que trabajen constantemente a tu favor.

Éste es el paso final para redefinir cómo percibes el mundo y las oportunidades que presenta. Es la fase final para cambiar cómo piensas en tu potencial para alcanzar tus metas más ambiciosas y conseguir cosas extraordinarias; pero primero resumamos las recompensas que el fracaso puede ofrecerte.

El fracaso te hace mejor (si se lo permites)

En el momento en el que te comprometes a considerar el fracaso como una oportunidad para aprender, crecer y mejorar, se vuelve menos amedrentador. Te sentirás menos ansioso con respecto a la posibilidad de que puede que tropieces y no des en el blanco. Cuando veas un fracaso desde una óptica positiva, se convertirá en una fuente de ánimo por lo que enseña, en lugar de por lo que parece condenar. Ya no machaca a tu ego. Ya no hiere tu orgullo.

En su lugar, te inspira para que te recuperes y lo hagas mejor. Te proporciona la claridad y la conciencia para *ser* mejor. Te hace…

MÁS ADAPTABLE: cuando intentas algo y no sale bien, tienes la oportunidad de modificar tu enfoque. Te adaptas probando algo distinto. Cuanto más hagas esto, más flexible y capaz te volverás.

MÁS RESILIENTE: cada vez que te enfrentas a la adversidad y perseveras, desensibilizas tu cerebro frente a los reveses futuros. Los retos futuros se vuelven menos desalentadores y tú adquieres una mayor inclinación a resistir y a aguantar hasta el final.

MÁS TENAZ: cuando más resiliente te vuelvas, más determinado te volverás para seguir adelante. Adquieres más confianza en tu capacidad para superar la adversidad. Te entrenas para seguir esforzándote y no rendirte nunca.

MÁS CREATIVO: el fracaso te presenta problemas que deben resolverse antes de poder avanzar. Te anima a experimentar con soluciones potenciales. Te anima a adoptar nuevas perspectivas y patrones de pensamiento que pueden ayudarte a superar obstáculos.

MÁS AUTORREFLEXIVO: el fracaso es una cura infalible para la arrogancia. Te hace consciente de tu debilidad. Resalta tus limitaciones. Revela tus puntos ciegos. Todo es positivo si tienes una mentalidad de crecimiento.

MÁS EMPÁTICO: cuando intentes algo que fracase, aprenderás a ser más compasivo con los demás cuando *ellos* fracasen. Disfrutarás de una buena relación alimentada por tu experiencia. Puedes ponerte en su lugar y apoyarlos en lugar de juzgarlos.

MÁS APRECIATIVO: cada fracaso te recuerda que no debes dar el éxito por sentado. Te anima a apreciar tus logros del pasado y a reconocer la planificación, la diligencia y la creatividad que requirieron de ti. También hace que reflexiones sobre el crecimiento personal y profesional que has disfrutado durante tu viaje.

El fracaso es un maestro severo, inflexible y a veces despiadado. Te enseña lecciones difíciles y desagradables, pero la educación viene acompañada de recompensas que te cambian la vida. Si las pones en práctica, te ayudarán a conseguir cosas increíbles que antaño pensabas que se encontraban más allá de tus capacidades.

Cómo usar el fracaso a tu favor

El éxito es, por supuesto, más agradable que el fracaso. Es más gratificante, más empoderador y más inspirador, pero no aporta tantas oportunidades para el crecimiento personal y profesional. El éxito puede proporcionarte un impulso, pero rara vez te enseña algo sustancial sobre ti mismo. No promueve la autorreflexión, por lo que rara vez da lugar a una conciencia de ti mismo mejorada.

Aunque el fracaso es decepcionante y desalentador, también puede ser tu mejor aliado. Aquí tenemos varias formas en las que lo puedes poner en práctica de inmediato.

Averigua qué falló

Cuando no obtengas los resultados que deseabas, examina el proceso para saber por qué. Estudia cada paso e intenta determinar los factores que contribuyeron a ello.

- ¿Tu objetivo no estaba claro?
- ¿Tu objetivo era demasiado difícil, dadas tus circunstancias?
- ¿Descuidaste prepararte correctamente?
- ¿Pasaste por alto recursos esenciales que necesitabas para triunfar?
- ¿Usaste tus recursos de una forma no sostenible?
- ¿La ejecución tenía fallos?
- ¿Tomaste decisiones apresuradas con una información insuficiente?
- ¿Te desviaste de un procedimiento probado?

El fracaso siempre deja pistas. Puede que estés tentado a ignorarlas y que avances porque pasar a la acción parece productivo. Resiste la tentación. Detente y reflexiona. Invertir tiempo ahora para averiguar por qué fueron mal las cosas te ayudará a evitar repetir los mismos errores. Te ahorrará mucho tiempo y frustración.

Identifica variables controlables

Mientras estudias las causas de tu fracaso, serás consciente de que algunas se encuentran dentro de tu capacidad de influir y que otras están fuera de tu control. Es crucial que hagas esta distinción lo antes posible. De otro modo, perderás mucho tiempo, energía y atención preocupándote por cosas con respecto a las cuales no puedes hacer nada.

Aquí tenemos algunos elementos que se encuentran bajo tu control:

- Nuevas habilidades que puedes aprender.
- Cómo gestionas tus recursos.
- Tu proceso de toma de decisiones.
- La especificidad de tus planes.
- Tu ética de trabajo.
- Tu compromiso.
- Cómo respondes frente a los retos.

A continuación se mencionan algunas cosas sobre las que no tienes ningún control:

- La meteorología.
- La economía.
- Las decisiones de otras personas.
- Una sincronización desafortunada.
- Las regulaciones gubernamentales.
- El acceso a los recursos.
- Las tendencias culturales.

Todo lo anterior supone tan sólo una pequeña muestra para ayudarte a distinguir entre los dos grupos. Recuerda que angustiarte por cosas sobre las que no puedes influir significativamente no hace ningún bien; pero si alguna de estas cosas ha contribuido a tu falta de éxito, ahora es el momento de determinarlo.

Emprende acciones correctivas

Si, durante la revisión, descubres que te has quedado corto debido a factores que controlas, ahora puedes adaptar tu estrategia. Puedes hacer planes nuevos basados en este conocimiento. Puedes, por ejemplo:

- Rellenar huecos en tus conocimientos.
- Ampliar tu conjunto de habilidades.
- Cambiar la forma en la que distribuyes tus recursos.
- Identificar *mejores* recursos.
- Adaptar la elección del momento adecuado para tus esfuerzos.
- Mejorar la forma en la que le sigues la pista a tu progreso.
- Refinar tu proceso de toma de decisiones (por ejemplo, cómo recopilas información, evalúas las opciones y valoras los riesgos).

Cuando estudias los factores que contribuyen a tu fracaso, abres un tesoro oculto de conocimientos. Sin embargo, debes *actuar* con respecto a estos conocimientos para usarlos a tu favor.

Mejora tu estrategia mental

Tu mentalidad es crucial para todo este viaje. Moldea cómo te percibes a ti mismo, tus talentos y habilidades y tu capacidad para el éxito. Determina si piensas que *mereces* el éxito. Tus pensamientos rigen la forma en la que reaccionas frente a los contratiempos e influyen en si te rindes o perseveras. También moldean la forma en la que interpretas y resuelves los problemas.

Cuando fracasas, alimentas tu estado mental. Muéstrate compasión. Perdona tus errores y déjalos ir. Examina tu temperamento a la luz de tu contratiempo actual. Detente un instante y vuelve a comprometerte con tus metas (si siguen siendo relevantes).

Ahora es también el momento de doblar la apuesta de tu decisión de mantener una mentalidad de crecimiento. Reafirma tu intención para aceptar los retos y afróntalos de cara en lugar de evitarlos. Recuérdate que puedes adquirir prácticamente cualquier conocimiento que necesites y desarrollar casi cualquier habilidad necesaria.

Esta parte del Paso 10 es, un programa de buena forma mental. De la misma manera que haces ejercicio para fortalecer los músculos de tu cuerpo, puedes emplear estos pasos para fortalecer tu fuerza mental; y esto puede marcar la diferencia mientras persigues tu inevitable éxito.

Hemos dedicado mucho tiempo a hablar del fracaso en este libro. Eso se debe a una buena razón. La forma en la que percibas el fracaso, interpretes su mensaje y respondas frente a sus lecciones determinará cómo influye en tu mentalidad. Decidirá si empleas el fracaso en tu favor, alimentando tu entusiasmo, motivación y resiliencia, o si permites que te desanime, haga temblar tu determinación y socave tus ambiciones.

La manera en la que luches contra el fracaso, lo emplees y, en última instancia, saques provecho de él es intrínseco a pensar en grande. Constituye el núcleo de la estructura mental que estás desarrollando. Forma parte integral de formarte para aspirar a la grandeza y tener confianza en tu capacidad de aprender, adaptarte y superar cualquier obstáculo que encuentres en tu camino.

EJERCICIO N.º 10

AL IGUAL QUE EL EJERCICIO N.º 1, este último ejercicio consta de dos partes. Ambas son sencillas. La primera parte te ayudará a redefinir cómo consideras el fracaso. La segunda reforzará este cambio de perspectiva.

Parte 1

Recuerda una ocasión en la que intentaras conseguir algo, pero en la que erraras. Tus resultados no lograron satisfacer tus expectativas. En primer lugar, recuerda las emociones que sentiste en ese momento. Reconócelas. ¿Te sentiste decepcionado, avergonzado, enfadado, frustrado? Anótalas.

Como ha pasado el tiempo, tus sentimientos negativos probablemente se habrán desvanecido. Duelen menos hoy, y te permiten ver el incidente de forma más objetiva.

A continuación, anota cinco conocimientos que adquirieras debido a este suceso. Supón, por ejemplo, que te hubieras reunido con tu jefe y que la reunión hubiera ido mal. Puede que no estuvieras preparado para la reunión. Quizás no llegaras a ella con un objetivo claramente definido. Puede que te comunicaras de una forma poco clara o combativa.

Tú controlas estas cosas. Eso significa que puedes adaptar tu enfoque. Puedes revisar tu plan e incorporar métodos, tácticas y prácticas distintos. Puedes crecer a partir de la experiencia, personal y profesionalmente, e incluso emprender acciones correctivas.

Parte 2

Lleva un diario en el que registres las ocasiones en las que te quedas corto. Por cada entrada, enumera entre tres y cinco conocimientos que adquirieras debido al incidente. Ningún conocimiento es demasiado pequeño como para que no lo incluyas; y no pases por alto ninguno porque parezca demasiado simple u obvio.

Cada entrada que hagas reforzará tu nueva perspectiva con respecto al fracaso. Puedes acudir a tu diario en busca de motivación e inspiración a medida que tus entradas aumenten.

Un último apunte: aunque puedes llamarlo tu «Diario del fracaso» si lo prefieres, te recomiendo que lo titules tu «Diario de oportunidades para el crecimiento».

Tiempo necesario para la parte 1: 10 minutos.
Tiempo necesario para la parte 2: 5 minutos por entrada.

REFLEXIONES FINALES
SOBRE PENSAR EN GRANDE

Después de haber leído *Piensa en grande*, has sacado provecho de una potente fuente de empoderamiento personal. Te proporciona la voluntad para apuntar más alto, hacer planes ambiciosos y vivir de la forma que decidas. Ahora posees la autonomía para perseguir tus sueños sin sentirte ligado a las expectativas de otros. Dispones de la libertad para centrarte en tu capacidad de aprender, crecer, adaptarte y conseguir cosas en el futuro que parecen imposibles en la actualidad.

Esta nueva perspectiva en relación con tus talentos, fortalezas, habilidades y capacidad para el éxito lo cambia todo:

- Reprogramará tus patrones de pensamiento.
- Transformará tu actitud.
- Guiará tu comportamiento.
- Remodelará tu forma de ver la vida.

- Te animará a redefinir cómo te ves a ti mismo.
- Te inspirará a redefinir quién eres y en quién quieres convertirte.
- Catalizará y alimentará una confianza en ti mismo inquebrantable.

Tu mentalidad afecta a cada aspecto de tu vida, tanto si intentas hacer que sea así como si no. No sólo controla tus experiencias cotidianas, sino que también dicta situaciones y condiciones que tienen un impacto a más largo plazo:

- Determina las metas que persigues y las hazañas que logras.
- Influye en cómo tus relaciones crecen y evolucionan (o menguan, si decides alejarte de ellas).
- Moldea la forma en la que respondes al *feedback* útil, además de a las críticas hirientes.
- Regula tu salud emocional cuando te encuentras con reveses y retos.
- Decide el nivel de influencia que tu crítico interior tiene sobre ti.
- Afecta a cómo interpretas los problemas, cómo aprendes y te adaptas, y cómo los superas.

El hecho de que pienses en grande o en pequeño depende por completo de ti. Eso es una noticia magnífica, ya que te sitúa en el timón de la nave. *Tú* decides tu destino. *Tú* decides el camino que seguirás para llegar ahí. *Tú* determinas adónde te lleva tu viaje y dónde acaba.

¿Abandonarás los proyectos intrascendentes, apuntarás más alto e irás tras tus sueños? ¿Perseguirás unos resultados extraordinarios en tu vida personal y profesional? ¿Pensarás más en grande continuamente y te esforzarás por conseguir lo mejor?

La decisión es tuya. El día de hoy marca el inicio de tu historia. ¿Qué aspecto tiene el desenlace?

¿HAS DISFRUTADO LEYENDO *PIENSA EN GRANDE*?

Gracias por haber leído *Piensa en grande*. Tu tiempo es importante, por lo que agradezco enormemente tu decisión de pasar algo de él conmigo. Espero, con sinceridad, que sientas que este tiempo ha sido bien empleado.

Si has encontrado útil este libro, ¿podrías dejar una reseña en Amazon? Tu reseña puede ser tan breve o detallada como desees. Una o dos frases cortas sobre un consejo o una sección que te hayan gustado será perfecto. Sería muy importante para mí. Además, tu reseña animará a otras personas a leer *Piensa en grande*.

Un último apunte: me gustaría publicar varios libros más que abarquen distintos aspectos sobre la gestión del tiempo, la productividad y el diseño del estilo de vida. Si deseas recibir notificaciones cuando los publique (generalmente con un importante descuento), piensa en unirte a mi lista de correo en la siguiente página web (comunicaciones en inglés): www.artofproductivity.com/free-gift/

También te enviaré mis mejores consejos para la productividad y la gestión del tiempo a través de mi boletín informativo vía correo electrónico. Recibirás consejos y tácticas para vencer la procrastinación, generar rutinas matutinas, evitar quemarte y desarrollar una concentración muy aguda, junto con muchos otros trucos para la productividad.

Si tienes preguntas o quieres compartir un consejo, técnica o truco mental que haya supuesto una diferencia importante en tu vida, siéntete con la completa libertad de enviarme un correo electrónico a damon@artofproductivity.com. ¡Me encantará leerlo!

¡Hasta la próxima!

Damon Zahariades
www.artofproductivity.com

ACERCA DEL AUTOR

Damon Zahariades es un refugiado del mundo empresarial que soportó años de reuniones innecesarias, charlas breves con compañeros de trabajo y un entorno laboral repleto de distracciones antes de empezar a trabajar por su cuenta. En la actualidad, además de escribir una lista creciente de libros sobre la gestión y la productividad, es el productor ejecutivo del blog sobre productividad ArtofProductivity.com.

En su tiempo libre disfruta jugando al ajedrez, el póquer y, de vez en cuando, con videojuegos con amigos. Se sigue prometiendo que empezará a volver a tocar la guitarra.

Damon vive en el sur de California con su hermosa y alentadora mujer y con su cariñoso, extravagante y a veces travieso perro. Observa, melancólicamente, cómo se va acercando su quincuagésimo cumpleaños.

Índice